자기주관으로
나의 언어를 만들어라

♥ | **강력한 나의 언어를 만드는 힘**
주관 사고에 초점을 맞춰라 |

자기주관으로 나의 언어를 만들어라

요시타니 고로 지음 | **정지영** 옮김

 지웃책방

자기주관을
100% 표현할 수 있다면?

　내 말이 상대에게 잘 전달되지 않아 고민하고 있다면, 혹은 내 기분을 말로 잘 표현하지 못해 다른 사람과 커뮤니케이션에 어려움이 있다면.

　그것은 나의 '주관'을 소홀히 하고 있기 때문인지도 모른다. 주관이란 자기만의 견해나 관점을 말한다.

　내가 느끼는 불안, 고민, 기쁨, '내'가 정말로 생각하는 것까지, 우리는 자신의 말에 좀 더 '나'를 넣어도 된다.

　일반적으로 "나는 이렇게 생각한다"라고 말하면 "그건 당신의 주관이지"라는 답이 돌아온다. 하지만 AI가 아무리 진화해도 내가 어떻게 생각하는지는 나밖에 표현할 수 없다. 이전에도 이후에도 세상에 단 하나뿐인 '나'의 주관을 소중히 하면 다른 사람과 커뮤니케이션도 원활하고 관계도 더욱 좋아질 것이다.

우리는 말하지 않고 살아갈 수 없다. 그러므로 어떻게 말할지 고민하는 것을 조금이라도 줄일 수 있다면 더 잘 살아갈 수 있지 않을까?

말로 커뮤니케이션을 더 잘하고 싶다.
글쓰기에 서툴다는 생각을 없애고 싶다.
모든 일을 긍정적인 시각으로 바라보고 싶다.
있는 그대로의 나를 좋아하고 싶다.

이렇게 생각하는 사람들이 많을 것이다. 그동안 카피라이터로서 애써 왔던 경험이 그들에게 길을 밝혀줄 수 있기를 바란다.

요시타니 고로

CONTENTS

제1장 / 자기주관을 가지고 말하는 강력함

제2장 / 자기주관을 방해하는 것들

제3장 / 자기주관을 세우는 말과 글

제4장 / 자기주관으로 소통하는 법

제5장 / 나의 언어로 전달하는 법

단 한 문장으로
충분하다

어떻게 해야 사람의 마음을 움직이는 말을 할 수 있을까?

대학을 졸업한 후, 작은 광고 제작 회사에 카피라이터로 입사한 내가 저주에 걸린 듯이 계속 안고 있었던 고민이다.

카피라이터는 다른 사람이 공감하는 말을 쓰는 전문가다. 아무런 연줄도 실력도 없던 나는 단순한 동경만으로 카피라이터의 출발선에 서 있었다.

그저 좋은 카피를 쓰고 싶다는 열정만은 있었기에 온갖 카피라이팅과 문장술에 관한 책을 읽었다. 과장이 아니라 세상에 '카피'라는 이름이 붙은 책은 전부 다 읽었고, 명작이라고 할 만한 카피를 몇 번씩이나 베껴 써보았다.

운 좋게도 존경하는 '말의 전문가'들을 만날 수 있었고, 가르침을 청해 직접 피드백을 받은 경험도 몇 번 있었다(그 경험은 지금까지 내가 일하는 데 재산이 되고 있다).

그런데 어떻게 해야 좋은 카피를 쓸 수 있는지 아무리 공부해도, 1천 개의 카피를 써봐도, 스스로 자랑스럽게 내세울 만한 성과를 내지 못하는 시기가 몇 년 동안 이어졌다.

그런 괴로운 나날 속에 어느 날 이런 카피를 썼다.

"4년에 한 번이 아니다. 일생에 한 번이다."

2019년에 개최된 일본 럭비 월드컵의 캐치프레이즈다.

'○○이 아니다. ○○이다'라는 형식은 흔하고 고전적인 수사법이다. 캐치프레이즈나 슬로건은 짧을수록 좋다는 것이 정석인데, 이것은 긴 편에 속한다.

세상에 나오기 전에는 '과연 잘될까?' 하는 불안함과 '이런 이벤트의 캐치프레이즈는 사람들이 별로 신경 쓰지 않잖아?'라는 자기 위안이 뒤섞여 있었다.

그런데 이 캐치프레이즈가 세상에 나온 순간 믿을 수 없을 정도의 반향을 얻었다. 이 한 줄의 문장이 내 상상을 뛰어넘어 일본 전국을 개척하는 느낌이었다.

이 일을 의뢰받았을 때, 럭비 선수로서는 절대 일본 대표가 될 실력은 아니었지만, 카피라이터로 럭비 월드컵의 일을 맡을 수 있다는 것이 천재일우의 기회 같았다.

고등학교와 대학교 시절 럭비부로 활동했지만, 회사에 의지할 수 있는 동아리 선배는 한 명도 없었다. 대형 광고대행사들이 할 만한 세상을 움직이는 큰 캠페인도 해보지 못했다. 당시에는 중소기업의 채용 광고를 많이 제작할 때여서 예전에 카피라이터를 동경하던 내가 자신 있게 내놓을 만한 일은 없었다.

20대에는 사람들이 꺼리는 일을 주로 했고, 내가 하고 싶은 일은 자원봉사를 자처하면서 필사적으로 했다. 기술이 부족해서 피해를 준 적도 있지만, 뭐든지 열심히 한 덕분인지 일이 잘 풀리면서 보상으로 좀 더 큰 규모의 일이 들어왔고, 점점 눈덩이처럼 불어나 드디어 '월드컵' 관련 일에 도달했다.

그때의 솔직한 심정은 '월드컵은 4년에 한 번 하지만, 일본에서 하는 이 월드컵에 서는 것은 나에게 일생에 한 번 있는 일'이라는 것이었다. 이 캐치프레이즈를 읽고 첫 번째로 공감한 사람은 바로 문구를 쓴 나 자신이었다. 누구보다 스스로 이 말에 진심으로 공감했다.

게다가 이 캐치프레이즈가 세상에 나온 뒤 아는 선수들은 "나도 그런 마음으로 일본 대표에 뽑히기 위해 노력한다"라고 했고, 팬들은 "나도 그런 마음으로 티켓을 많이 산다!"라고 반응했으며, 대회 관계자들은 "우리도 그런 마음으로 좋은 대회를 만들자"라고 공감하는 반응을 보였다.

지구 위 각기 다른 장소에서 살아가는 인류가 발밑을 계속 파 내려가면 지구의 중심에서 모두 만나듯이, 한 사람인 내가 어떻게 느끼고, 어떻게 생각하는지 계속 파고들어 갔더니 많은 사람들과 연결되었다.

그리고 이런 생각이 떠올랐다.

'사람들에게 잘 전달되는 글을 쓰기 위한 마법의 기술 같은 건 존재하지 않는 게 아닐까?'

내가 느낀 그대로가 가장 강하다

재현할 수 있는 과학적인 방정식이 있다면 누구나 훌륭한 카피를 쓸 수 있고, 사실 그런 비법이 이 세상에 존재하는데 동업자에게도 비밀로 하는 것이 아닐까?

물론 화술이나 커뮤니케이션 전문가, 문제 해결 전문가는 폭넓은 기술과 지식을 많이 보유하고 있어서 타율을 높이기 위한 요령을 알고 있을 것이다. 하지만 실제로는 자신이 통제할 수 없는 다양한 요인이 겹쳐서 잘되는 경우가 많다.

내가 쓴 카피도 '광고의 노출량이 많고 기간이 길었으며 범위가 넓었다', '럭비 일본 대표가 대활약을 펼쳤다', '첫 아시아 개최라는 희소성 높은 대회였다' 등의 요인이 커서 온전히 내역량으로 해낸 일이라고 할 수 없다.

거장이라고 불리는 카피라이터들도 클라이언트 앞에서 프레젠테이션할 때는 "이런 식으로 하면 잘될 것입니다"라고 제안하지만, '우연히 인기를 끌었다'라거나 '헛스윙을 한 적도 있다'라고 생각하는 경우도 있을 것이다.

정답은 없다. 그렇다면 무엇을 믿어야 할까? 바로 나 자신이다.

'나는 이렇게 느낀다', '나는 이렇게 생각한다'라는 주관을 제대로 표현해서 전달하면 어떻게 될까? 일이 좀 더 즐거워지거나 안 좋은 사건에서도 긍정적인 의미를 찾을 수 있다. 그리고 한 사람 한 사람이 각자의 주관을 서로 주고받으면 타인의 생각을 더 받아들일 수 있다. 모두가 자신의 주관을 소중히 여겨야 더 잘 살 수 있지 않을까? 그렇게 고귀한 주관은 본래 누구나 지니고 있다.

제1장 자기주관을 가지고 말하는 강력함에서는 자신의 주관에 어떤 힘이 있고, 왜 주관이 중요한지, 사람의 마음에 잘 전달되는 말이란 어떤 것인지 생각해본다.

제2장 자기주관을 방해하는 것들에서는 자신의 주관에 무게를 두는 것을 방해하는 존재가 무엇인지 생각해본다.

제3장 자기주관을 세우는 말과 글에서는 자신의 주관을 어떻게 들여다볼 수 있는지, 어떻게 자신의 말을 찾아가는지 소개한다.

　　　　　　　　　자기주관으로 나의 언어를 만들어라

제4장 자기주관으로 소통하는 법에서는 자신의 주관을 언어화할 때의 마음가짐, 중요한 자세에 대해 소개한다.

제5장 나의 언어로 전달하는 법에서는 자신의 주관을 언어화할 때 활용할 수 있는 '카피라이터의 말하는 기술'을 소개한다.

내가 느낀 그대로,

마음 가는 대로 표현하면

어떤 혜택이 따라오는가?

제1장

자기주관을 가지고
말하는 강력함

주어는
다름 아닌 '나(I)'

주변 사람의 목소리나 의견이 아니라 자기 자신이 어떻게 생각하는지를 중요하게 여기고 있는가? 또한 약점까지 포함해서 자신에 대해 다른 사람에게 말할 수 있는가? 다른 사람에게 상처 주고 싶지 않아서, 미움받는 것이 두려워서, 미숙한 사람처럼 보이고 싶지 않아서 자기 생각을 쉽게 말하지 못할지도 모른다.

그러나 앞으로는 자신의 느낌이나 진정한 자기 생각인 '주관'을 소중히 여기고, 남에게 잘 전달하는 것이 더 잘 사는 데 중요한 요소가 될 것이다.

나는 어딘가의 누군가가 발신한 정보를 스마트폰 화면을 통해 보고, 가게를 선택할 때는 후기나 별점을 신경 쓴다. 일할 때도 '데이터나 시장 상황은 어떠한가?'라는 '객관'적인 사실을 알아야 한다.

하지만 이 세상에 단 하나뿐인 '나'를 더 소중히 여기는 것도 중요하지 않을까? 본인이 어떤 느낌을 받았는지, 무엇을 생각했는지 멈춰 서서 자신의 마음을 들여다보고, 진정한 '나의 말'을 찾아본다. 그리고 그 말을 용기 내어 다른 사람에게 전해본다. 뜻이 전해진다면 마음이 뿌듯해지고, 무엇보다 다른 사람의 주관도 인정하고 수용할 수 있다.

너의 이야기가 아닌 '나'의 이야기

역사적으로 명언이라 불리는 말들을 연구한 적이 있다. 그러자 시대를 초월해 사람의 마음에 울림을 주는 말에는 어떤 공통점이 있다는 것을 발견했다.

"I Have a Dream."(나에게는 꿈이 있습니다.)

1963년 흑인 인권운동 워싱턴 대행진 연설에서 마틴 루터 킹(Martin Luther King) 목사가 말한 상징적인 문구다. 고등학교 영어 수업 시간에 이 연설을 킹 목사의 목소리 그대로 들었을 때,

'말이라는 것은 정말 대단하구나!'라는 생각이 들면서 영혼까지 떨렸던 기억이 난다.

킹 목사는 이 연설을 통해 자신이 어떤 경험과 생각을 해왔고, 그런 과거를 바탕으로 어떤 미래를 꿈꾸는지 주어를 'I'로 해서 이야기했다. 연설 속에 나오는 에피소드에도 "나의 네 아이가 피부색이 아닌 인격으로 평가받는 나라에 사는 꿈을 가지고 있다"라는 개인적인 내용이 담겨 있고, 여기에도 '주관'이 들어가 있다.

주관에는 거짓이 없고, 남들이 아무리 "너는 그렇게 생각하지 않을 거야"라고 말해도 본인이 정말 그렇게 생각하고 말하는 것이니 부정할 수 없다. 그래서 주관이 담긴 말에는 강력한 힘이 있다.

'I♡NY'(나는 뉴욕을 사랑한다)

이 유명한 슬로건을 본 적이 있을 것이다. 1970년대 치안이 좋지 않았던 뉴욕의 관광 캠페인 슬로건이다. 그런데 이 슬로건이 만약 'YOU♡NY'였다면 이토록 전 세계에 퍼졌을까?

잘 모르는 사람이 "너는 뉴욕을 좋아한다"라고 한다면, 아무리 좋아한다고 해도 "그걸 왜 당신 맘대로 결정해?"라든가 "유(you)가 누구야?"라는 식으로 반응했을 것이다. 그런데 'I♡NY'이라고 하면 시각적인 안정감도 있지만, 왠지 받아들이고

자기주관으로 나의 언어를 만들어라

싶어진다.

단 한 사람(I)의 주관이라고 해도 그것을 읽거나 듣는 사람은 자신도 그렇게 생각한다고 'I'에 자신을 대입하고 싶어진다. 'We(우리)'는 많은 'I(나)'로 이루어진다.

그렇기에 다른 사람에게 무언가를 전달할 때 '주관'이 매우 중요하다. 물론 예로 든 2가지 사례는 주어를 반드시 넣는 영어의 특성과 관련 있을 것이다. 하지만 어느 쪽이든 근본적으로 '나'를 소중히 여기는 말이다.

"Think Different"(다르게 생각하라)

이것은 애플(Apple)의 1997년 광고 캠페인 문구다. 맥(Mac) 컴퓨터를 광고하는 문구인데도 제품의 좋은 점이나 엄청난 기능에 대해서는 한마디도 하지 않는다. 어른이 되면 많은 일에서 현실을 깨닫고 포기하는 사람들이 많지만, 자신의 인생은 스스로 바꿀 수 있다. 다만 남들과 다른 길을 선택하는 삶의 방식은 세상을 거스르는 반역자나 성가신 사람으로 비춰지기도 한다. 그래도 자신의 길을 믿고 나아가는 사람만이 자신의 삶과 세상을 바꿀 수 있다. 'Think different'는 그런 메시지를 담고 있다. 남들과 다르다는 것을 긍정하는 말이다.

이 문구는 애플의 창업자 스티브 잡스라는 사람 그 자체라고 할 수 있다. 그의 철학과 사상을 그대로 형상화한 것이 애플의 제품이다. "누가 뭐래도 내가 좋아하는 것을 만들고 싶어!"라는 것이 바로 주관적인 메시지다.

어차피 사람은 모두 제각각이다. 회사든 팀이든 여러 사람들이 모여 있는 조직에서 '우리'라는 주어를 사용하는 것이 틀린 것은 아니다. 하지만 진정한 의미에서 '우리'라는 사람은 존재하지 않는다. 게다가 한 사람의 내면도 '그렇다고 생각할 때도 있고, 그렇지 않다고 생각할 때도 있다'라는 식으로 모호한 부분이 있기 때문에 나라는 존재조차 의심스러운 것이다.

자기주관으로 나의 언어를 만들어라

중요한 것은
진심이냐 아니냐

사람들의 기억에 남을 만한 말은 어떤 것일까?

올림픽이나 월드컵 등의 국제대회에서 절대 빠지지 않는 것이 경기 후에 진행되는 선수 인터뷰다. 전 세계 사람들이 그 장면에 주목한다. 여기에도 역사적인 명대사 또는 사람들의 기억에 남는 한마디가 있다.

"기분 짱 좋아!"

"아무 말도 못 하겠어."

전 수영 선수 기타지마 고스케의 이 말이 화제가 된 적이 있다. 마음속 깊은 곳에서 우러나온 솔직한 감정이었기 때문이다. 물속의 세계에서 계속 자기 자신과 마주하며 세계 정상의 자리에 오른 장본인이 자신의 감정을 말했을 뿐이다. 그런데 이렇게 말한 것에 대해 운동선수로서 품격이 없다며 비판하는 사람들도 많았다. 아무리 세계 정상의 운동선수라도 우리와 같은 보통 사람들과 다르지 않다. 그러니 누군가에게 피해를 주지 않는다면 감정을 표현해도 괜찮다. 하지만 '당연히 이래야 한다'라는 고정관념에 사로잡힌 사람들은 그런 것을 용납하지 못한다.

운동선수의 말을 하나 더 소개하겠다.

"처음으로 나 자신을 칭찬하고 싶어요."

전 여자 마라톤 선수 아리모리 유코가 1996년 애틀랜타 올림픽 경기 후 인터뷰에서 한 말이다. 이 부분만 잘라서 이야기하는 경우가 많은데, 이 말이 나오기까지 앞에 했던 말도 소개하고 싶다.

"어쨌든 나답게, 이제 앞으로 아무것도 없다는 마음으로 시원하게 달리자, 그것만 생각했어요. 메달 색깔은 구릿빛일지 모르지만 끝나고 나서 더 열심히 하지 못한 것을 후회하는 레이스는 하고 싶지 않았고, 이번에는 스스로 그런 후회를 하지 않아서(이 대목에서 그녀는 목이 메어 눈물을 글썽였다)…… 처음으로

자기주관으로 나의 언어를 만들어라

나 자신을 칭찬하고 싶어요."

스포츠 세계에서는 반드시 승패가 갈린다. 경쟁 상대도 존재한다. 스스로 통제할 수 없는 외부 세계의 기준이 아니라 자기답게, 전력을 다해 달리기를 하고 나서야 비로소 스스로 만족하고 자신을 인정했다는 의미다. 이것은 당시 아리모리 선수가 자기 생각을 있는 그대로 표현한 말이다.

우연히 일 때문에 아리모리 선수를 만날 기회가 있었다. 그녀에게 "제가 책을 쓰고 있는데, 아리모리 씨의 인터뷰 내용을 인용해서……"라고 말한 순간, "아, 나 자신을 칭찬하고 싶다는 그 말이죠!"라고 기꺼이 직접 말해줬다. 어쨌든 활기차고 소탈한 사람으로 어떤 이야기든 무게를 실어 '자신의 말'을 한다는 인상을 받았다.

운동선수들은 몸을 움직이면서 항상 마음도 움직이는 듯하다. 그 풍부한 감수성이 좋은 방향으로도 나쁜 방향으로도 작용하겠지만, 항상 자기 자신과 마주하면서 주관이 단련되었다고 생각한다. 그리고 그런 선수들이 사회를 향해 표현하는 말에서 '그 사람의 마음이 움직였기 때문에 타인의 마음도 움직일 수 있다'는 사실을 통감하게 되었다.

2022년에 열린 카타르 월드컵에서 일본의 전 축구 선수 혼다 게이스케가 했던 해설이 화제가 되었다. 일본에서 유명한 중계라고 하면 아테네 올림픽에서 나온 "영광으로 가는 가교다"라는 말을 들 수 있는데, 혼다 게이스케의 해설은 그야말로 주관의 세계를 마음껏 펼친 것이었다.

"우와! 진짜 기분 좋네!"
"이제 메시를 이겨주죠!"

해설자의 입장에서 중립성도 없었고, 모든 사람들이 보는 공적인 방송에서 반말을 연발했다. 그런데 이 해설을 통쾌하다며 좋아하는 사람들이 많았다.

이 또한 요즘 시대에 가능한 일이 아닐까 싶다. 누군가 써주는 대로 내뱉는 무난한 말은 누구에게도 영향을 주지 못한다. 그 사람의 진심이 담긴 말이 주변 사람들에게 감흥을 준다.

심심하지만 꾸밈없는 한마디의 감동

운동선수에서 뮤지션으로 바꿔서 이야기해보겠다. 나는 노래방에 갔을 때 다른 사람이 모르는 노래를 부르면 무심코 모니터에 나오는 가사를 유심히 본다. 어떤 말이 담긴 노래가 사람들에게 사랑받는지 궁금해서 나도 모르게 '말 연구'를 하는 것이다.

가사를 유심히 보면 노래를 부르는 사람이 직접 작사 작곡한 노래의 힘을 느낄 수 있다. 밴드에서 자주 볼 수 있는데, 밴

자기주관으로 나의 언어를 만들어라

드의 멤버가 작사 작곡을 담당하는 경우가 있다. 사잔 올 스타즈(Southern All Stars)의 쿠와타 케이스케, 미스터 칠드런(Mr. Children)의 사쿠라이 카즈토시 등이 일본에서 대표적인 싱어송라이터로 불린다.

사실 이들은 굉장히 아름답게 내지르는 목소리로 노래하는 가수는 아니다. 노래 실력으로만 보자면 더 잘하는 사람이 얼마든지 많다. 하지만 그들은 자신의 생각, 전하고 싶은 내용을 외치듯이, 때로는 속삭이듯이 노래한다. 가사에는 자신의 연애나 인생의 사건 등 굉장히 개인적인 내용을 담고 있는데도 많은 사람들에게 공감을 자아낸다.

"잘하지 않아도 된다. 중요한 것은 표현하고 싶은 강한 마음이다"라는 것을 아티스트들은 음악만이 아니라 회화, 일러스트, 사진으로도 알려준다.

우리 같은 광고 카피라이터가 하는 일도 본래는 '나의 감동을 전하는 일'이다. 맛있는 음식을 먹고 무심결에 "맛있어!"라는 소리가 나왔다면 그 감동을 있는 그대로 표현하면 된다.

하지만 텔레비전에서 맛집을 탐방하는 프로그램의 리포터처럼 "너무 달지도 않고, 재료의 맛을 살린……"이라는 식으로 구구절절 꾸미는 말을 한다. 그것은 음식의 맛이 아니라 프로그램에 활기를 불어넣기 위한 표현 기술이다. 맛에 감동한 나머지 무심코 나온 "맛있어!"라는 말이 더 와 닿지 않을까?

카피라이터는 그럴듯하게 꾸미는 표현을 잘 생각해내야 한다고 생각하는 사람들이 많다. 물론 실제로 표현이 훌륭하고 매력적인 문구는 세상에 많다(그것이 상업적으로 돈을 벌기 위한 조건의 하나이기도 하다). 하지만 본래는 정말 대단하거나 진심으로 맛있다고 느껴지는 상품과 서비스, 진정으로 믿을 수 있는 기업을 만드는 것이 먼저다. '우리 회사(상품)는 정말 좋아요!'라고 생각하는 경영자나 담당자와 일할 때는 저절로 좋은 표현이나 디자인이 생겨나기 마련이다.

자기주관으로 나의 언어를 만들어라

"👧"

나만의 행복과 기쁨을
표현하면 그뿐

알기 쉬운 주관의 예로 행복을 들 수 있다. 〈날아라 호빵맨〉의 주제가 '호빵맨 행진곡'의 가사에 "무엇이 너의 행복인가?"라는 내용이 나온다. 유아들에게 철학적인 물음을 던지고 있는데, 실제로 생각해볼 만한 문제다. 이 노래에서는 "모르는 채 끝나는 그런 건 싫어!"라고 말한다. 이는 사명이나 삶의 의미 같은 어려운 물음처럼 보이지만, 좀 더 가벼운 의미에서 "무엇이 너의 행복인가?"에 대한 자기 주관을 묻는 것이다.

행복의 정의를 내리자면 "나 지금 행복해!"라고 스스로 행복을 자각하고 있는 것이라고 할 수 있다. "나는 세상에서 제일 행복해"라고 외치는 순간, 당신은 세상에서 제일 행복한 사람이 된다. 다른 사람이 "아니, 내가 더 행복해!"라고 우겨도 행복은 주관적인 것이기 때문에 비교할 수 없다.

여기에서 가장 중요한 것은 "그럼 당신의 행복은 무엇인가?"라는 물음이다. 이 물음에 바로 답할 수 있는가? 고양이의 배에 얼굴을 파묻을 때일 수도 있고, 고층 아파트에서 도시의 야경을 내려다보는 상황일 수도 있다. 사람마다 다르겠지만, 언제 행복한지를 스스로 알고 있다는 점이 중요하다. 예전에 로또 광고 카피 중에 "너의 꿈은 돈으로 살 수 있는가?"라는 것이 있었는데, 그에 대한 답 역시 사람마다 다르다.

행복이 어떤 것이든 공통되는 부분은 불행과 한 묶음이라는 사실이다. 예를 들어 행복을 양으로 불행을 음으로 놓으면, 이것은 동전의 앞면과 뒷면처럼, 둘이 하나로 묶인다. 둘 중 하나만 있을 수는 없다. 그리고 음양이나 희비 교차라는 말처럼 기본적으로 어둠과 슬픔이 먼저 있고, 그것이 있기 때문에 밝음과 기쁨이 있지 않을까?

그렇게 생각하면 어떤 괴로움이나 위기가 있을 때일수록 나의 행복을 더욱 의식적으로 느낄 기회가 되기도 한다.

사람마다 정답이 다른 질문

최근 들어 자주 눈에 들어오는 단어 중에 하나가 '편애'라는 말이다. 말 그대로 평균에서 크게 벗어나 편향될 정도로 대상을 사랑한다는 뜻이다. 아무도 이해해주지 않아도 상관없는 나만의 세계라고 할 수 있다. 이것이야말로 주관적인 행복이나 기쁨이다. 요즘은 단 한 사람의 편애를 다 함께 공유하면서 많은 사람들이 기쁨을 느끼는 시대이기도 하다.

이와 비슷한 말로 '최애'라는 표현도 있다. 사용하기 쉬워서 널리 퍼진 단어로, '최애가 최고', '최애 덕질'이라고 다양하게 변형되어 사용된다. 마찬가지로 자신이 좋아하는 것이라는 주관을 소중히 여기는 풍조의 하나로 볼 수 있다.

비난받지 않도록, 욕먹지 않도록, 틀리지 않도록 여러모로 조심하면서 발언하거나 글을 쓰는 시대에 누가 뭐라고 해도 상관하지 않는 주관의 힘이 더욱 필요한 것은 아닐까?

여담이지만, 내 아들이 다섯 살에 드디어 히라가나를 떼고, 갑자기 A5 크기의 흰 종이에 "즐거운 하루를 스스로 만들자"라고 표어를 쓰는 모습에 놀란 적이 있다. 어디서 누구에게 그런 말을 배웠는지, 자신의 내적인 생각이 표출되었는지는 모르겠지만, 이상하리만치 기특한 마음이 들었다. '지금 즐거운가, 행복한가'를 결정하는 것은 자신에게 달려 있으므로 '스스로 만드는' 것이 무엇보다 중요하다.

내가 뭘 좋아하는지
AI가 알 수 있을까?

날이 갈수록 혁신적인 AI 기술이 생겨나고 있다. 인터넷이 출현한 이후 최대의 충격이라는 말도 있다. 예를 들어 "불륜을 하고 있는 친구에게 어떤 조언을 하면 좋을까?"라고 질문하면 1초 만에 조언의 방향성을 4가지 정도 보여준다. 게다가 그 내용도 매우 정중하고 구체적이라서 마치 신뢰할 수 있는 친구와 상담하는 느낌이다.

사람이 아닌 컴퓨터 시스템이 만들어낸 말이 이렇게나 확고하다면 우리 인간이 글을 쓰는 이유는 무엇일까? 인간만이 쓸 수 있는 문장이란 무엇일까? 이처럼 AI가 문장을 작성할 수 있는 시대이기에 인간으로서 더더욱 나만의 주관이 중요하다.

자기주관으로 나의 언어를 만들어라

예를 들어 이런 의뢰(질문)를 챗GPT에게 해보자.

"내가 지금 좋아하는 사람은 누구일까?"

"내가 지금까지 가장 슬펐던 일은 무엇일까?"

실제로 질문을 던져보면 어떨까? "내가 알 바 아님"이라고 대답하면 재미는 있겠지만, 아무리 뛰어난 인공지능이라도 그 대답을 해주지 못한다. 어쨌든 그 대답을 아는 것은 물음을 던진 본인뿐이다.

인터넷 세상에 있는 정보는 객관적이다. 인간의 마음속에 있는 말로 표현할 수 없는 것, 아직 말이 되어 나오지 않은 것은 AI가 모아서 학습할 수 없다.

예를 들어 "초등학교 숙제로 여름방학 일기를 써줘"라고 입력하면 초등학생의 여름 하루를 객관적으로 그럴듯하게 문장으로 지어서 보여준다. 하지만 그 속에 남다른 발견을 한 것이나, 그것을 하면서 느낀 나만의 감정, 마음의 움직임까지 표현할 수는 없을 것이다. 그 사람만이 경험한 고유한 사실이나 감정은 인간만이 쓸 수 있다. 그리고 그런 인간의 생생한 마음을 표현한 문장만이 인간의 마음을 흔들 수 있다.

"내가 느끼는 희로애락의 가치"

일본을 대표하는 카레이서 무토 히데키는 자율주행에 관해 매우 인상적인 이야기를 들려주었다.

"자율주행이 완전히 보급되면 교통사고는 없어지고, 면허도 필요 없죠. 하지만 우리가 스스로 운전하면서 얻는 감정이 있잖아요. 좋아하는 사람 옆에 앉아 운전하면서 멋있게 보이려고 하거나 누군가에게 길을 양보하면서 느끼는 뿌듯함 같은 것 말이에요. 그런 인간의 감정을 빼앗기는 게 아닐까요? 분명 사고가 줄어드는 건 좋은 일이지만, 재미가 없어진다고 할까요? 레이스도, 인생도, 어떤 의미에서는 리스크가 있어서 재미있는 것인데, 그게 전부 없어지는 것은 허무해요."

인간이 자동차를 타면서 느끼는 감정에 가치가 있다는 이야기다.

게다가 카레이싱은 그야말로 경쟁이다. 서로 1등이 되기 위해 경쟁한다는 가치관도 '모두 함께 골인하자'는 시대의 흐름과 역행한다는 이야기도 있다. 하지만 무토 히데키는 '이겨서 기쁘다', '져서 분하다', '난 여기에 잘 맞아', '난 이것과 어울리지 않아'라는 인간의 감정은 경쟁을 통해 만들어진다고 말한다. 다 함께 골인하자는 생각은 감정을 만들지 않고, 그렇게 되면 노력할 가치도 없기 때문에 인류는 진화할 수 없다.

"1밀리라도 먼저 골인하고 싶다는 강렬한 기분이 카레이서로서 나를 성장시켰습니다"라고 무토 히데키는 웃으며 이야기한다.

희로애락은 전형적으로 주관을 보여준다. AI나 자율주행은 그런 희로애락이 필요하지 않은 상황에서 활용하면 좋을 것이다. 인간의 감정을 소중히 여기고 싶은 상황에서는 인간다움을 남기고, 어느 한쪽이 이긴다는 이원론이 아니라 제대로 공존하는 것이 중요하다.

나를 드러내는
표현의 힘

고성능 카메라가 달린 스마트폰이 보급(사진을 게시하는 것을 중심으로 한 SNS의 보급)되면서 요즘에는 셀카를 당연하게 여긴다.

예전만 해도(2010년 정도) 셀카를 찍는 사람을 나르시시스트(narcissist, 자기애가 충만한 사람)라며 야유하는 풍조가 있었지만, 지금은 그런 말 자체가 나오지 않는다. 오히려 '셀프 브랜딩'이라는 말이 나올 정도로 자신이라는 존재를 많은 사람들에게 드러내고 표현하는 것이 중요한 시대가 되었다. 다른 사람에게 피해를 주지 않는다는 전제하에서는 자신을 소중히 여기는 것이 결코 부끄러운 일이 아니다.

애초에 자신만을 위해 사는 것도 쉽지 않은 일이다.

자기주관으로 나의 언어를 만들어라

편의점에서 사 온 과자를 먹으면서 집에서 게임만 하는 백수에게 "좋아하는 것만 하지 말고 사회를 위해 살아라"라고 말한다고 하자. 하지만 잘 생각해보면 과자나 게임을 만드는 회사에 돈을 내고 있으니 그 회사의 매출에 제대로 기여하고 있는 셈이다. 오로지 자기만을 위해 사는 것은 무인도에 우두커니 앉아 드넓은 하늘을 바라보는 상태일지도 모른다(그런 삶은 일주일도 안 되어 질려버릴 것이다). 사람은 누구나 평범하게 살아가기만 해도 누군가에게 도움이 된다. 동시에 누군가의 덕분에 살아가고 있다. 그렇지 않은가?

남을 위하는 일이 자신을 위하는 일이기도 하다. 이는 매우 행복한 일이다. 아이돌 팬들이나 스포츠 경기를 보는 사람들은 "응원하면서 응원을 받는다"라고 말하곤 한다. 기여하면서 느끼는 기쁨이라고 할 수 있다.

얼마 전 동일본 대지진으로 학교 체육관에서 생활했던 사람의 이야기를 들은 적이 있다. 러봇(LOVOT)이라는 로봇 AI 반려동물을 대피소에 두었더니 사람들이 굉장히 좋아했다고 한다. 사람이 반려동물을 통해 상처받은 마음이 치유되듯이 로봇을 귀여워하며 마음이 안정되는 부분도 있다. 하지만 그보다는 남에게 사랑받기보다 무언가를 사랑하면서 얻는 충족감이 있었을 것이다. 인간은 자신 이외의 무언가를 사랑해야 자신을 소중히 여길 수 있는지도 모른다.

나는 이래서 좋다고 표현하기

남을 기쁘게 해주고 기쁘지 않은 사람은 없을 것이다. 그런데도 다른 사람을 괴롭히거나 상처 주는 말을 던지는 사람이 있다. 그런 사람들은 누군가에게 같은 일을 당하고 느낀 안 좋은 기분을 전염시킨다.

행복은 스스로 생겨나지만, 안 좋은 기분은 다른 사람이 없으면 만들어지지 않는다. 예를 들어 "이런 게 행복이지"라며 즐기는 사람은 혼자서도 행복을 느낄 수 있다. 하지만 기분이 안 좋은 사람은 불쾌함이나 안 좋은 기분을 타인에게 노골적으로 드러내 주위 사람의 기분을 상하게 한다. 이렇게 안 좋은 기분은 연쇄 작용을 일으켜서 우리를 더욱 힘들게 만든다.

사람은 누가 시켜서 하는 것보다 스스로 하는 것, 가능하면 하고 싶어서 하는 일에서 기쁨을 느낀다. "이것 좀 해줘"라고 부탁하기보다 "좀 어려울지도 모르지만, 이것 좀 해줄 수 있을까?"라고 부탁해야 상대도 의욕이 생길 것이다. 빈자리가 많은 레스토랑에서 "여기 앉으세요"라고 안내받는 것보다 비록 같은 자리에 앉는다고 해도 "원하시는 자리에 앉으세요"라는 말을 듣는 것이 더 기분 좋은 법이다.

다른 사람이 시키는 대로 하기보다 자신이 하고 싶은 대로 행동하는 것이 당연히 더 좋을 수밖에 없다. 그것이 당연한 일인데도 쉽지 않은 이유는 주관적인 생각을 무시하기 때문일 수

자기주관으로 나의 언어를 만들어라

도 있다.

아들이 세 살을 넘겼을 무렵 "나중에 뭐가 되고 싶어?"라고 물어본 적이 있다. 아들은 망설임 없이 "나는 나 그대로가 좋아"라고 대답했다. 그때 어떤 깨달음을 얻은 기분이었다. 별로 진지한 질문도 아니었고, 무심코 던진 형식적인 질문이었다. 그저 '호빵맨이 되고 싶어', '소방관이 될 거야'라는 답을 기대했다. 하지만 정곡을 찔린 듯이 '그렇지, 너는 너 그대로도 괜찮지'라는 마음이 들었다. 동시에 사실은 어른이 되어도 모두 그런 소원이 있지 않을까 생각했다.

아이가 사회성이나 협동을 배우는 것은 일반적으로 5세 정도라고 한다. 확실히 어린아이가 모여 있는 공원을 관찰해보면 각자 제멋대로 좋아하는 일을 하느라 정신없지만, 그 정도 시기부터 아이들은 주위를 신경 쓰는 듯하다. 게다가 초등학교에 들어가면 착하다는 칭찬에서 공부를 잘한다는 칭찬으로 바뀌고, 그런 칭찬을 받지 못한 아이들은 점점 자신감을 잃는 것처럼 보인다. 어린 시절부터 '나 그대로 있기'는 쉽지 않다.

"👧" '나' 아닌 다른 누군가가 될 수는 없다

빈티지는 오래된 것을 말하는데, 1940년대 청바지나 1950년대 시계가 인기를 끌어 믿을 수 없을 정도로 가격이 치솟기도 한다. 예를 들어 출시 당시에는 몇만 엔 정도였던 데님 재킷이 지금은 몇백만 엔이 넘는 가격에 거래되는 식이다.

그렇다면 이 빈티지 시장에서 돈을 버는 개인은 누구일까?

바로 저렴할 때 그 물건을 사서 갖고 있던 사람이다. 그런데 저렴할 당시에 언젠가 이 물건의 가격이 100배 이상 오를 것이라고 예상하면서 사는 사람이 있을까? 분명히 없을 것이다. 단지 좋아하는 순수한 마음으로 사서 시간이 지나도 버리거나 팔지 않고 계속 소중히 간직한 것이다. 계속 한자리에서 움직이

자기주관으로 나의 언어를 만들어라

지 않았던 사람이 돈을 버는 셈이다(다만 정말 좋아하는 사람은 그 물건을 돈으로 바꾸지 않는다).

주식도 마찬가지다. 돈을 벌려고 계속 유행하는 종목을 따라가기보다 자신이 좋아하는 기업을 응원하는 마음으로 투자하면 긴 안목으로 봤을 때 반드시 돈을 벌 수 있지 않을까? 큰 이득을 내지 못한다고 해도 좋아하고 응원하는 마음에 거짓이 없다면 그렇게까지 실망하지 않을 것이다. 자신의 주관으로 결정했기에 누구를 탓할 수도 없다.

주변의 눈치를 살피며 다른 사람을 따라 하는 동안에는 행복을 느끼기 어려운 법이다. 물론 동경하거나 존경하는 마음은 성장하는 데 매우 중요하다. 하지만 자신 이외에 다른 누군가가 되려고 하면 힘들어진다. 어떻게 해도 절대 다른 사람이 될 수 없기 때문이다.

동경하는 사람이 있고, 정말로 그 사람처럼 되고 싶다면, 그 사람과 같은 일을 해서는 따라잡을 수 없다. 오히려 조금 거리를 두고, 자기만의 스타일을 확립하는 것이 중요하다.

일본어로 '배우다(まなぶ)'는 '흉내 내다(まねぶ)'에서 유래했다고 한다. 검도나 다도에 나오는 수파리(守破離, 가르침을 받는 '수'의 단계, 가르침을 깨는 '파'의 단계, 자기만의 독창성을 만드는 '리'의 단계로 이루어진 수양법—옮긴이)의 가르침처럼 처음에는 틀을 지켜서 따라 하지만, 언젠가 자신에게 정말 잘 맞고 자신이 정말 좋아한다고 느끼는 경지에 도달해야 나만의 무언가를 손에 넣을 수 있다.

"👧"
내 말은
나의 미래가 된다

1994년 뉴욕에서 설립된 슈프림(Supreme)이라는 패션 브랜드가 있다. 원래 스트리트 계열이라고 하는 스케이트 문화를 패션으로 승화한 브랜드인데, 최근에는 루이비통이나 꼼데가르송 등 명품 브랜드나 세련된 현대적 스타일의 모드 패션과도 컬래버레이션을 하며 세계 굴지의 브랜드가 되었다.

슈프림의 일본 지사에서 일하던 지인에게 흥미로운 에피소드를 들은 적이 있다. 설립자인 제임스 제비아(James Jebbia)는 아직 무명이던 시절 'WORLD FAMOUS'(세계적으로 유명한)라는 태그라인(브랜드 로고 옆에 두는 슬로건 같은 것)을 넣으라고 디자이너에게 지시했다고 한다. 그리고 'WORLD FAMOUS'가 될 것

자기주관으로 나의 언어를 만들어라

으로 믿고, 티셔츠 등에 프린트나 자수를 계속 넣었다고 한다.

그로부터 20여 년이 지난 지금은 정말 '세계적으로 유명한' 브랜드가 되었다. 현재 컬렉션에도 그 단어가 들어 있어서 최근에 슈프림을 알게 된 사람들은 당연하다고 생각할 수도 있지만 실제로는 인기가 없던 시절부터 들어간 문구다.

여기서도 주관의 힘을 느낄 수 있다. 설립자는 주위에서 뭐라고 하든 세계적으로 유명한 브랜드가 될 것이라고 믿었던 것이다.

말에는 미래를 만드는 요소가 있다. 예를 들어 동물에게는 말이 없기(물론 같은 동물들 사이에는 있을 수 있다는 부분은 일단 접어둔다) 때문에 약속을 할 수 없다. "내일 9시에 만나자"라거나 "다음 주까지 자료를 보내드리겠습니다"라고 말할 수 없으며, 현재만이 존재한다. 말은 지금 여기에 없는 것을 있게 한다. 그래서 사실을 속일 수도 있다. 그것이 바로 거짓말이다. 말이 없으면 거짓말도 존재할 수 없다.

"👧"
'그래도'
하고 싶은 일을 찾아라

예전에 근무하던 회사 건너편에 닭꼬치 가게가 있어서 점심을 먹으러 자주 갔었다. 10년 전에도 그리 저렴하지 않은 가게였는데, 원가 급등의 영향으로 갈 때마다 점심 가격이 올라 마침내 닭꼬치 덮밥이 1,500엔을 넘었다. 그래도 가게는 언제나 사람들이 붐볐다. 대형 체인점이나 편의점, 다른 가게에 가면 아직 천 엔 이내로 점심을 먹을 수 있는데도, 그 비싼 닭꼬치를 먹고 싶은 것이다.

이 '그래도'는 어떻게 보면 불합리라고도 할 수 있다.

도쿄 하라주쿠에는 인디언 스타일의 지갑, 가방과 같은 가죽 소품, 액세서리 등을 취급하는 고로스(Goro's)라는 브랜드가 있

자기주관으로 나의 언어를 만들어라

다. 1956년에 설립되었는데, 유행이 순식간에 바뀌는 하라주쿠에서 창업자가 소중히 여긴 스타일을 계승하면서 50년 이상 변함없이 전 세계 사람들에게 사랑받고 있다.

고로스는 인터넷 판매나 도매 판매를 전혀 하지 않기 때문에 이 브랜드의 제품을 구매하려면 전 세계에 딱 한 곳뿐인 하라주쿠의 매장에 가야 한다. 게다가 매장에 겨우 들어갔다고 해도 원하는 아이템이 있는 경우는 극히 드물다. 나도 고로스의 팬이라서 갖고 싶었던 아이템을 10년 넘게 걸려서 마침내 구매했다. 힘들게 손에 넣은 만큼 특별히 아끼고 있다.

이는 판매하는 측이 짓궂기 때문이 아니다. 우선 대량생산이 아닌 하나하나 손으로 직접 만든 상품이기 때문에 재고를 많이 두지 않는다. 그리고 매장에서도 대면으로 커뮤니케이션을 하면서 구매자의 스타일이나 인생의 단계에 맞춰 판매 상대를 선택한다.

그래도 비가 오나 눈이 오나 아침부터 몇 시간이나 줄을 설만큼 고로스 제품을 갖고 싶어 하는 사람들이 많다. 언제나 매장 앞에는 줄이 늘어서 있다. 사람들은 평생 사랑할 수 있는 진품을 손에 넣고 싶어서 일부러 줄을 선다(고로스는 홈페이지에 '고로스가 아닌 곳에서 구매한 제품은 고로스로 인정하지 않습니다'라고 밝히고 있다).

불합리하지만 하고 싶은 것

구매자에게는 돈은 물론 시간이 많이 소비되는 일이고, 매장 측도 돈을 더 벌고 싶다면 인터넷 판매를 하거나 가격을 올려도 된다. 지금의 방식은 분명 합리적이지 않다. 그러나 고로스 브랜드는 '판매자와 구매자가 얼굴을 맞대고 대화하면서 상품을 건넨다'라는 굳건한 자세를 고수한다.

《호딩키(Hodinkee)》라는 잡지에 고로스에 관한 특집 기사가 실린 적이 있다. 점원의 인터뷰에 이런 내용이 있었다.

"매장은 단순히 상품을 전달하는 장소가 아닙니다. 본인에게 딱 맞는 물건을 함께 음미하고, 우리는 그것을 손님에게 맡깁니다. 그때부터 계속 사용하면서 자신만의 스토리를 지닌 아이템으로 길러줘서 정말 기쁘게 생각합니다."

'그래도'라는 상식을 무시하는 불합리의 힘은 한 사람의 생각에서 생겨났다. 고로스는 2013년에 세상을 떠난 창업자 다카하시 고로라는 한 사람의 카리스마 정신을 소중히 여기고 계승해 현재와 같은 스타일이 만들어졌다.

급여가 적다. 그래도 이 일을 하고 싶다.

상식에 반한다. 그래도 이 구조를 도입하고 싶다.

당연히 질 것이라고 한다. 그래도 싸워 이기겠다.

자기주관으로 나의 언어를 만들어라

합리적으로 만들어진 기획서보다 더 큰 원동력은 언제나 분노, 슬픔, 희망 같은 마음이다. 그리고 그 마음이 순수할수록 지금까지의 상식이나 합리성과 모순되는 경우가 많다.

여러분에게 '그래도'는 무엇인가? 그곳에 당신의 주관이 짙게 반영되어 있을 것이다.

자기주관이 연결되어
조직의 문화가 된다

멋있다.

촌스럽다.

귀엽다.

외롭다.

인간의 감정은 이렇게 형용사로 표현된다.

'멋있는 사람'의 정의는 사람마다 제각각 다르다. 사전에는 '보기에 썩 좋거나 훌륭하다'라고 되어 있지만 명확한 기준은 없다. 하지만 각자에게 '멋있다'고 할 만한 기준은 확실히 존재한다.

자기주관으로 나의 언어를 만들어라

〈이케부쿠로 웨스트 게이트 파크〉라는 텔레비전 드라마에서 쿠보즈카 요스케가 연기한 '킹'은 이렇게 말했다.

"나쁜 짓 하지 말라는 게 아니야. 촌스러운 짓 하지 말라는 거야."

이 말에 공감이 갔다. 왠지 모르게 이 사람의 가치관이 전달 되는 듯했다.
"당신에게 멋있는 것은 무엇인가?"
이렇게 모호하면서 주관이라고 할 수 있는 감각에 서로 공감 하는 사람들이 모이면 동지라고 할 수 있는 조직이 되고, 좋은 문화를 만들어낸다.

"멋진 사람이란 어떤 사람일까?"
"어떤 사람을 동경해?"

자신의 주관을 알기 위해 이런 질문을 스스로, 혹은 가족이 나 친구, 회사의 동료에게 던져보자. 이 멋있는 사람의 정의에 그 사람의 돈에 대한 가치관이나 개개인의 인생관이 더욱 뚜렷 이 나타날 것이다.

별것 아닌 하루도
글로 쓰면 특별하다

가끔 글쓰기 강좌를 의뢰받아서 사람들을 가르칠 때가 있다. 강의에서는 '사람들에게 잘 전달되는 훌륭한 문장을 쓰는 요령' 같은 숭고한 주제를 다루지 않는다. 더 정확하게 말하면 그런 비결을 가르쳐줄 수 없다. 그런 비결이 있다면 내가 배우고 싶다. 이렇게 하면 잘된다는 법칙이나 정답이 없기 때문에 어떻게 하면 발전할지, 공감되는 글을 쓸 수 있을지 계속 생각하고 있다는 것이 솔직한 대답이다.

그렇다면 글쓰기 강좌에서 매번 무엇을 할까? 'ㅇ년 ㅇ월 ㅇ일에 내가 한 일'이라는 주제로 미리 작문 과제를 내주고, 내가 당일까지 그것을 읽고 논평을 준비한다. 수업 시간에는 내가 한 사람 한 사람에게 감상을 전한다. 문장에 관한 기술적인 부분도 피드백하지만, 한 사람의 독자로서 어떤 문장이 좋았는지, 어떤 부분에서 마음이 움직였는지 이야기한다.

주제가 되는 날짜는 내가 임의로 정하고 모두에게 같은 날을 지정한다. 올해 가장 잊을 수 없는 하루에 관해 쓰는 것이 아니다. 그날이 특별한 날일 수도 있고, 달력에 아무런 표시도 되어 있지 않은 날일 수도 있다.

이 과제에서 우선 깨달은 것은 어떤 하루든 문장으로 쓰면 재미있다는 사실이다. 예를 들어 아무것도 하지 않은 날에도 왜 아무것도 하지 않았는지, 그날 무슨 생각을 하고 있었는지에 대해 쓸 수 있다. 수강생들은 "오늘 일을 나중에 글로 쓴다는 생각으로 하루를 보내니 감수성이 풍부해져서 하루가 더 즐거워졌어요"라는 소감을 말해주었다. 의도하지는 않았지만, 역시나 흥미로웠다.

더욱 흥미로운 것은 글쓰기 강좌의 수강생이 대부분 초면이라는 사실이다. 먼저 과제로 쓴 글을 읽고 '이런 사람인가?'라고 상상한 뒤 당일에 만나 대화를 하면 글과 그 사람의 이미지가 놀라울 정도로 딱 들어맞는다. 그 사람이 어떤 시선으로 사회나 사물을 보는지, 평소 어떤 말을 사용하는지 알 수 있다. 이 강좌를 할 때마다 말은 그 사람 자체라는 것을 실감한다.

또 하나 깨달은 것은 읽고 좋았던 문장에는 역시나 주관이 들어 있다는 사실이다. 그날 있었던 일들을 객관적으로 나열

한 문장이 아니라 그 사람이 무엇을 보고 어떻게 느꼈는지, 어떤 행동을 하고 무엇을 생각했는지 주관이 적힌 문장이 정말 매력적이다. 당사자이기 때문에 쓸 수 있었던 남다른 발견, 솔직하고 정직한 마음에 감동한다. 그런 문장은 읽는 사람에게 깨달음과 배움을 주고, 비판이나 욕설과는 달리 진지함이 전해지며, 아기 울음소리 같은 생동감이 느껴진다.

글쓰기가 서툰 진짜 이유

"저는 글 쓰는 데 서툴러요."

많은 수강생들이 이렇게 말한다. 하지만 사실은 글쓰기가 서툰 것이 아니라 다른 사람에게 평가받는 일이 서툰 것이 아닐까? 문장 강의를 시작하면서 이런 생각이 들었다.

평소 '이 말을 하면 상대에게 상처가 될 수도 있어', '괜히 말을 꺼냈다가 주위 사람들에게 바보 취급을 당할지도 몰라'라고 신경 쓰는 사람들이 많다. 글을 쓴다는 것은 먼저 자신의 마음속을 조용히 들여다보고, 느낌이나 생각을 정리한 다음 다른 사람에게 전달하기 위해 밖으로 내보낼 말에 옷을 입히는 행위다. 그 과정은 자신과 마주하는 시간이라고도 할 수 있다.

글쓰기 강의를 하면서 깨달은 또 한 가지는 생각을 이야기하는 문장이 매우 적다는 사실이었다. 가령 "이날은 이런 일이 있었다"라는 객관적인 사실이나 "이것은 이런 것이다"라고 설명하는 사람이 많았다. 반면 "그 광경을 보고 나는 이런 것을 느꼈다", "나는 이것에 대해 이렇게 생각한다"라는 주관이 담긴 문장은 적었다.

강의를 끝내고 작문을 한 사람들의 소감을 한 명씩 들었는데, 이런 말이 나왔다.

"글로 쓸 생각으로 오늘 하루를 보내니 별것 아닌 날도 내가 다양한 것을 느끼고 있다는 사실을 알게 되었어요."

"남의 시선이 지나치게 신경 쓰이지만, 나 자신을 알아간다는 의미에서라도 내 생각을 전달해야겠다고 생각했습니다."

"글을 쓴 내가 보는 세계와 그것을 읽는 상대가 보는 세계가 다르다는 것을 알았어요."

직업이 무엇이든 글을 쓰는 것은 다른 사람에게 생각지 못한 발견이나 배움을 준다.

내가 움직여야
다른 사람도 움직인다

가르치는 입장에서 글쓰기 강의를 통해 알게 된 사실은 쓰는 것 자체가 목적이 되어서 무엇을 쓰는지, 왜 쓰는지 모호한 상태로 글을 쓰는 사람이 의외로 많다는 점이었다.

주관은 다른 사람과 비교할 수 없으므로 정답이 없다. 글을 쓴다는 행위를 통해 타인의 시선이나 의견을 신경 쓰지 않고, 자기 안에서 우러나는 마음의 소리와 마주할 수 있지 않을까?

객관적인 사실과 데이터가 중요한 상황도 있다. 하지만 손님이라는 게스트는 주인이라는 호스트가 있어야 하므로 본래는 주인이 먼저다. 우선 자신이 일상생활에서 어떻게 느끼는지, 글을 쓰기 전에 주관의 뿌리를 풍성하게 뻗어나가는 것이 중요하다.

아무리 말이 없고 과묵한 사람이라도 내면은 말로 넘쳐날 것이다. 세상에는 움직이는 마음을 누군가에게 발산하지 않는 사람이 많다. 그 풍부한 마음을 솔직하고 정직하게 말로 표현할 수 있다면 다른 사람의 마음에 전해지지 않을까?

우리 같은 카피라이터가 쓰는 기업의 광고 메시지나 SNS에서 읽는 누군가의 문장도 마찬가지다. 다른 기업에서도 할 수 있는 흔한 말, 비판을 두려워해서 마음에도 없이 꾸며낸 미사여구는 사람의 마음을 움직이지 못한다.

반면 진심이 드러난 문장, 상대를 생각하면서 쓴 글이나 용기를 내서 쓴 글은 사람의 마음을 움직인다.

"🙍" 주체성은
말에서 나온다

4년 동안 고등학교 럭비부의 수석 코치를 맡은 적이 있다. 아마추어 집단의 고교생들을 지도하면서 계속 의식했던 것은 어떻게 하면 럭비를 좋아하게 만드느냐 하는 것이었다. 당시 16~18세 아이들을 대하면서 크게 배운 것은 다음 2가지다.

① 주체성을 끌어내는 방법
② 언어화의 중요성

지도를 시작한 첫해에는 학생들에게 이런저런 이론을 지나치게 주입하거나 유명한 코치들을 초빙해서 훈련하려고 했다.

　　　　　　　자기주관으로 나의 언어를 만들어라

정도가 지나쳤던 탓인지 실제 경기에서 아이들은 자신의 머리로 생각하지 못했고, 전년도와 같이 2연패를 기록했다.

그런 경험을 통해 2년 차부터는 일단 럭비를 좋아하게 만드는 것을 과제로 삼았다. 내가 가르치는 것도, 내가 코치하는 것도 아닌 그들 스스로 배우게 하기 위해서였다. 좋아하기만 하면 스스로 생각하고 주체적으로 움직인다. 그런 생각으로 우선 좋아하는 럭비 선수를 한 명 찾아서 그 선수의 어떤 점이 좋은지 정리해보라고 했다.

어느 정도 하다 보니 시키지 않아도 학생들이 알아서 해왔고, 가르치는 우리도 더 좋아할 만한 답을 제시하면서 팀이 움직이기 시작했다. 최종적으로 3년 차에 4강까지 올라갔다. 마지막 경기는 전국 대회에서 강팀을 상대로 5-15까지 따라갔다. 상대는 중학교와 고등학교 모두 럭비부가 있고, 스포츠 추천으로 대학 진학도 가능한 학교였다. 우리 팀은 공부만 하던 학생들로 100% 아마추어 집단이었다.

이것은 '내 말을 듣게 하는 것'에서 '럭비를 좋아하게 하는 것'으로 변환시킨 결과였다.

팀플레이는 소통이 9할이다

또한 럭비의 언어화 능력은 매우 중요하다. 축구나 야구에

비해 그라운드 위에서 같은 팀 선수와 가까이 움직인다는 것도 그 이유일 것이다. 기본적으로 손으로 패스할 수 있는 거리에 같은 팀이 있고, 항상 같은 팀을 지원하기 위해 밀집되어 있다. 그리고 경기 중에 의사 결정한 내용을 '말 전하기' 게임처럼 팀 전원에게 몇 초 안에 전달해서 모두가 하나의 생물처럼 움직여야 한다.

경기를 하는 중에는 결정→전달→실행이 끊임없이 반복된다. 그리고 결정하고 전달하려면 말을 해야 한다. 자신의 머리로 생각한 것을 순식간에 곁에 있는 팀 동료에게 전달하면서 다음에 어떤 플레이를 할지 의사소통하는 것이다.

요즘 아이들은 자신의 생각이나 의견을 표현하는 데 서투른 편이다. 동조 압력을 못 이기거나 애초에 내면의 생각이나 감정을 언어화하는 습관을 들이지 못했기 때문이다.

학생들에게는 다른 사람에게 전달하는 말에 대해 자주 지도했다. 상대의 기분을 생각할 것, 말에 신뢰가 생기도록 항상 성실할 것, 잘 전달하기 위해서는 상대의 이야기를 받아들일 것, 궁금했던 점을 솔직하게 질문할 것 등이다.

그런 것을 이해하고, 실감하고, 실천하는 방법으로 모든 학생에게 수첩을 사서 그날의 사건이나 느낀 점을 매일 쓰라고 했다. 그 덕분인지 모두 언어화 능력이 현격히 향상되었다.

럭비라는 스포츠는 멈춰 있는 시간이 거의 없고, 항상 순간적인 판단이나 선수들 간에 의사소통이 필요한 경기이므로 자신의 생각을 단적으로 전달하고, 상대의 의도를 빠르게 이해해야 한다. 그라운드 밖에서 진행된 언어화 훈련이 그라운드 위의 경기에서 충분히 활용된 셈이었다.

나의 주관으로
세상과 소통하라

요즘 10대나 20대에게 유튜브 채널을 추천해달라고 물어보면 90% 정도는 내가 모르는 채널이다. 어쩌면 "좋아하는 책이 뭐야?", "좋아하는 영화는?"이라는 질문을 받았을 때 특이한 대답을 하고 싶은 심리가 작용하는 것과 같은지도 모르겠다. 어쨌든 이런 채널이 있나 싶을 만큼 유튜브 세계에는 콘텐츠가 그야말로 무한하다.

텔레비전은 채널이 한정적이어서 내 취향에 맞는 것을 고르기보다는 대충 아무거나 보곤 했다. 반면 유튜브에서는 서핑 동영상이 보고 싶으면 전 세계 바다의 서퍼들을 볼 수 있고, 좋아하는 아티스트나 연예인의 콘텐츠도 산더미처럼 많다. 하루

종일 들여다보고 있어도 다 못 본다.

지금 우리는 그런 시대에 살고 있다. 가끔 "내가 관심 있는 것만 보게 된다"라고 비판적으로 말하는 사람도 있다. 그렇게 되면 사고가 편향적으로 굳어져서 다양한 것을 접하지 못한다는 이유다. 하지만 싫어하는 음식은 굳이 먹지 않고, 좋아하는 음식만 먹고 싶은 것이 당연한 심리다.

"좋아하는 것으로 살아간다."

얼마 전 유튜브 광고에서 이런 카피를 보았다. 그때는 유튜버들이 하는 말이라고 생각했다. 하지만 그렇지 않았다. 그것을 보는 시청자의 말이기도 했다.

상대가 좋아하는 것에 관한 이야기를 들으면 재밌다. 음식, 가게, 음악, 유튜브 채널 등 내가 모르는 세계가 훨씬 넓다는 사실을 상기시켜 준다. 인터넷에서는 전 세계의 온갖 정보에 접근할 수 있지만, 자신의 스마트폰 화면에 표시되는 정보는 매우 한정적이다. 중립적인 회색 정보는 거의 존재하지 않는 흑과 백의 극단적인 세계인지도 모른다. SNS를 접할 때는 이를 의식하는 자세가 필요하다.

자기주관을 가지고
말하고 표현하는 것을
방해하는 요인들은 무엇인가?

제2장

자기주관을
방해하는 것들

있는 그대로
표현하기 어려운 이유

주관이란 '있는 그대로의 나'라고도 할 수 있다. 모두가 그것을 소중히 여기며 살아가고 싶겠지만, 사실 매우 어려운 일이다. 그 증거라고 할 정도로 대단한 이야기는 아니지만, 동서양을 불문하고 어느 시대이든 '있는 그대로의 나여도 좋다'라는 메시지는 수많은 사람들에게 환영받아 왔다.

비틀스의 명곡 '렛잇비'(Let It Be)는 '있는 그대로'라는 뜻이고, 레이디 가가의 '본 디스 웨이'(Born This Way)도 태어난 모습 그대로 살아가자는 메시지를 담고 있다. '케세라세라'(Que Sera Sera)는 '내일은 내일의 바람이 분다'라고 번역되는 경우가 있지만, '어떻게든 될 것이다'라는 의미다. 미스터 칠드런의 히트곡

자기주관으로 나의 언어를 만들어라

'이름 없는 시'도 "있는 그대로의 마음으로 살 수 없는 나약함을 / 누군가의 탓으로 돌리며 살고 있어 (중략) 있는 그대로의 마음으로 살아가기를 바라니까 / 사람은 또 상처를 받는다"라는 가사가 나온다.

만화 ≪천재 바카본≫에서도 "이대로가 좋다"라고 꽤 직설적으로 말한다. 요리연구가 도이 요시하루(土井善晴)의 베스트셀러 ≪심플하게 먹는 즐거움≫도 '굳이 무리하지 않아도 된다'라는 메시지를 담고 있다. 일본의 음료 제조회사 산토리가 중요시하는 '한번 해봐'라는 가치관도 '생각하기보다 일단 하라'고 격려하는 메시지다. '나답게 새롭게'라는 슬로건을 보여주는 패션 브랜드 루미네(Lumine)의 광고 메시지도 '나 자신을 소중히 하자'는 뜻이다.

불교의 선(禪)은 인도와 중국에서 시작되었다고 알려져 있는데, 일본의 선이 세계적으로 퍼진 것은 '뭐든지 가능'이라는 관용 덕분이라고 한다. 파스타 요리를 폭넓게 변형시키는 것처럼 일본에는 '뭐든지 가능'한 이종격투기의 느낌이 있다.

나를 머뭇거리게 만드는 것들

세상을 둘러보면 '주위 시선은 신경 쓰지 않아도 돼', '무언가를 열심히 하려고 몸부림치지 않아도 돼', '너는 너 그대로 좋아'라는 메시지가 넘쳐난다.

그것을 뒤집어 생각해보면 전 세계의 많은 사람들이 그렇지 못한 삶을 살아가고 있다는 의미다.

인간이 더욱 자기답게, 행복하게 사는 데에 적이 되는 것은 '주위를 신경 쓰는 일'이다. 유행이나 다른 사람의 시선, 그리고 그것을 신경 쓰는 내 마음 때문에 나답게 살아가기 힘들다. 그렇다면 대체 누구의 주관을 믿고 따라서 살아가야 만족할 수 있을까? 그 대답은 바로 '결국 나 자신을 믿을 수밖에 없다'는 것이다. 그렇기에 있는 그대로의 나로 살아가라는 결론에 이른다.

소위 고학력인 사람이 '학력은 무의미하다'라고 하면 '그건 네가 학력이 뛰어나기 때문이다'라고 할 수 있고, 반대로 학력이 없는 사람이 '학력은 무의미하다'라고 하면 '네가 학력을 쌓고 나서 말하라'고 할 수도 있다.

무슨 말을 해도 어디에나 빈틈이 있으므로 트집을 잡으려고 하면 얼마든지 잡을 수 있다. 특히 일본에서는 즐겁고 자유롭게 보이는 유명인은 반드시 비판받는 운명에 처한다. 타인을 부정해서 자신을 긍정하려는 사람도 있으니 말이다.

그렇다면 '무슨 말을 해도 비판하는 사람은 있으니 차라리 신경 쓰지 말자'라고 머릿속의 사고를 전환하는 것이 편할 것이다.

쉬운 일은 아니겠지만, 자신의 주관을 좀 더 신뢰해도 된다.

자기주관으로 나의 언어를 만들어라

모두에게 사랑받으려고 해도 누군가에게는 미움받게 마련이라면, 차라리 '나를 아는 사람만이라도 이해해주면 좋겠다'는 마음을 지니는 것이 낫다. 그러면 조금이나마 있는 그대로의 나로 살아갈 수 있을 것이다.

내 이야기를 들려주면
상대는 움직인다

가끔 최고의 운동선수들과 이야기를 나눌 기회가 있다. 프로 럭비 선수 가와무라 신 선수가 10년 이상 지속된 역경의 시기를 극복한 이야기를 들려주었다.

그가 처음 입단한 팀에서는 두 살 위의 선배와 같은 포지션을 두고 경쟁했다고 한다. 그를 이기지 못하면 시합에 선발로 나갈 수가 없었다. 더구나 자신은 팀이 내세우는 경기 방식과도 잘 맞지 않았다. 팀의 전적이 계속해서 리그 최하위에 머무르던 상황이어서 돌이켜보면 10년 동안 정말 힘들었다고 한다. 생각한 대로 나오지 않는 결과에 안절부절못해서 팀 동료 누구와도 이야기하지 않고 자기 안에 틀어박힌 시기도 있었다.

그러다 12년째에 팀에서 방출되었다. 다른 상위 리그 팀의 제안이 없으면 은퇴하려던 때에 어느 팀에서 제안이 들어와 이적이 결정되었다. 그리고 새로운 팀으로 이적한 지 한 시즌 만에 역대 최고 순위라는 성과를 올렸고, 가와무라 선수도 절반 이상의 경기에 출전했다.

"지금은 무엇을 위해 럭비를 하는지 명확히 알고 있고, 매일 충실하게 보내고 있습니다."

가와무라 선수는 이렇게 말했다.

내가 조금 짓궂지만 "팀이나 개인으로서 성과를 올리지 못했어도 그렇게 생각했을까요?"라고 물었더니 이런 대답이 돌아왔다.

"네. 확실히 말할 수 있는 것은 지금은 그런 차원으로 럭비를 하지 않아요. 화가 오카모토 다로는 그림을 잘 그리느냐 못 그리느냐를 가리는 것이 아니라 몸과 마음을 다 바쳐서 그리는 것이 중요하다고 했어요. 자신이 매일 전력을 쏟을 수 있고, 아찔한 상황 속에서 경쟁할 수 있는 이 순간, 이 장소가 좋습니다. 지금은 설령 어떤 경쟁자가 나타나도 럭비를 할 수 있다는 것 자체가 즐거워요. 이게 내가 하고 싶은 일이라는 느낌이라고 할까요? 승패는 하나의 결과이고, 물론 이기면 기쁘죠. 경기에서는 당연히 이기기 위해 뛰지만, 어디까지를 목표라고 말할 수 있을까요? 8강이 목표라면 다음은 4강, 그다음은 우승, 다음은 연패를 해야 하고…… 일본 대표 선수가 되는 것이 목표라고 해도 그것이 또 다른 무언가의 시작점이 될 수도 있죠. 당연히 경기에 나가고 싶고, 못 나가면 속상하지만 그것조차 하나의 결과로 받아들이고 있습니다."

언제부터 그런 마음으로 바뀌었는지 계기를 물었다.

"경쟁자를 이기지 못하고 경기에 나서지 못해 괴로운 속마음을 용기 내서 팀 동료들에게 털어놓은 적이 있어요. 울적해서 어느 누구하고도 대화를 나누지 않던 시기에 우연히 술자리에서 몇몇 동료들에게 이야기했더니 그들이 어떤 부분에서 내가 경쟁자보다 나은지, 어떤 강점을 살리면 이길 수 있는지 말해주었어요. 덕분에 타인을 통해 나를 객관적으로 알 수 있었고, 강점을 인정받았다는 기쁨도 느꼈죠. 무엇보다 그런 고민이 있다는 것을 알아주는 팀 동료가 생겼다고 생각하니 마음이 가벼웠어요. 그래서 점점 타인의 평가나 경쟁자라는 외부의 존재가 아니라 내 기준을 의식하게 되니 능률이 올라가더라고요."

이 이야기를 듣고 도전이라는 것은 용기를 내는 과정 그 자체이며, 결과가 어떻든 상관없다고 느꼈다. 내 앞에 놓인 장벽을 외면하지 않고 받아들이며 그것을 뛰어넘으려는 자세야말로 도전이다. 거기에서 타인의 평가나 기준 따위는 중요하지 않고, 내가 그 벽을 마주하고 끝까지 해낼 수 있는가 하는 주관이 필요할 뿐이다.

가와무라 선수의 언어화 능력도 놀라웠다. 그는 말로 자신의 벽을 뛰어넘었고, 말로 자신의 미래를 개척한 사람이다.

자기주관으로 나의 언어를 만들어라

기준은 내가 정한다

2019년에 방영된 〈노사이드 게임〉이라는 일요 드라마의 광고 포스터 문구를 나는 이렇게 썼다.

"자랑스러운 자신이 되어라."

오이즈미 요가 연기하는 주인공 키미시마 하야토는 대기업 제조회사에 근무하는 회사원으로, 회사 럭비부의 존속과 재건을 위해 분투하는 역할이다. 주인공은 거짓말과 배신이 소용돌이치는 세계에서 처음부터 끝까지 자신의 신념을 고수한다. 사리사욕을 채우려 하지 않고 인간으로서 멋있는지를 기준으로 삼는다. 남에게 칭찬받고 싶어서, 욕을 먹지 않기 위해서가 아니다. 그와 같은 고결한 자세는 나 자신이 자랑스러운지 아닌지를 생각하는 데서 나온다. 태어날 때부터 악인이나 범죄자가 아니라, 누구나 자라온 환경이나 처지에 따라 악행을 저지를 수 있다. 모두 본디 무엇이 옳은지, 무엇이 멋있는지 알고 있으며, 교활하거나 나쁜 짓을 하는 자신을 가장 잘 아는 것은 본인이라는 생각에서 저 광고 문구를 썼다.

참고로 '되어라'는 표현은 신문 사설의 제목 같은 위압감을 주기 때문에 평소 잘 사용하지 않는데, 그만큼 강한 메시지를 주고 싶었다.

"열심히 하다 보면 반드시 좋은 일이 생긴다."

　세상 물정을 모르는 철부지처럼 보일 수도 있지만, 나는 진심으로 그렇게 믿는다. 보상받는 시점이 생각했던 것과 다른 경우는 많지만, 언젠가는 반드시 보상받는 날이 온다. 팔굽혀펴기를 하다 보면 가슴과 팔의 근육이 단련되듯이, 진심으로 노력하면 어딘가에서 당연히 성과가 나타난다. 그리고 그런 사람을 놓치지 않는 사람이 반드시 있다. 역시나 노력하는 사람이 다른 노력하는 사람을 찾아서 기회를 주거나 좋은 평가를 하는 날이 오기 마련이다.
　그렇기 때문에 스스로 자랑스러운 자신에 초점을 맞춰야 한다.

"지금, 여기, 자신."

　"인간인 것을"이라는 말로 유명한 아이다 미쓰오의 글이다. 정신적인 문제로 고민하는 많은 운동선수들이 '결과가 좋지 않으면 어쩌지', '후원사에 면목이 없다', 'SNS에서 익명의 사람들에게 비난받겠다'라고 타인이나 앞날에 신경 쓰느라 심적으로 고통스러운 상태에 빠진다. 그렇기에 '지금, 여기, 자신'에 의식을 맞추는 것이 중요하다.
　동물이나 곤충은 항상 '지금, 여기, 자신'('자신'은 어떤지 모르겠다)인 상태이지만, 언어를 구사하는 인간은 그것이 쉽지 않다.

　　　　　　　　　자기주관으로 나의 언어를 만들어라

그러므로 '지금, 여기, 자신'을 마주하기 위한 훈련을 하는 것이
바로 멘탈 트레이닝(mental training)이다. 운동선수뿐 아니라 모
든 사람들이 멘탈을 단련할 수 있다고 믿는다.

나약함은
강력함이 될 기회

2020년에 일본럭비선수회와 국립정신신경의료연구센터가 공동으로 일류 운동선수의 정신건강을 계몽하는 '약함은 강함 프로젝트'를 시작했다. 몸과 마찬가지로 정신력도 굴하지 않을 것처럼 보이는 럭비 선수들이 자신을 강하게 단련하려면 약한 부분을 마주해야 하며, 그런 의미에서 '약함은 곧 강함'이란 의미를 전달하기 위한 프로젝트였다.

홈페이지도 개설해서 국내외의 일류 선수들에게 찬성 메시지를 받거나 럭비 일본 대표 선수들을 인터뷰해서 강인해 보이는 사람들의 약한 부분이 가득 담긴 기사를 게재했다. 프로젝트를 시작할 당시에 그러한 이념으로 다음과 같은 글을 썼다.

틀린 점을 인정할 것

스스로 거짓 없을 것

주위의 시선을 두려워하지 말 것

고독을 즐길 것

자신의 약한 부분을 정면으로 마주하는 데는 누구나 용기가 필요하다

누구나 약한 부분을 드러내고, 그것을 받아들일 수 있는 사회로

홈페이지의 메인 화면에도 이 글이 게시되어 많은 공감을 받았다. 매월 '문의'를 통해 많은 감상 메일과 미디어를 불문한 취재 의뢰, 민간이나 행정 기관의 강연 의뢰를 받고 있다.

기업 인사 담당자와 실제로 이야기를 나눠보면 "직원들이 힘들다, 못한다고 말하지 못해 어려움을 겪고 있습니다"라는 내용이 매우 많다.

특히 성과주의 문화가 강한 외국계 기업이나 엘리트들이 많이 모인 대기업에서 이런 경향이 강하다. 인사 담당자들이 이구동성으로 하는 말은, "지금까지 큰 실패를 해본 적 없는 젊은 사원들이 한번 좌절하면 다시 일어서기가 너무 어렵다", "자신이 못한다는 것을 받아들이지 못하거나 그렇게 보이고 싶지 않은 마음이 강해서 마음이 무너지기 직전에, 또는 무너지고 나서야 말하는 사람들이 많다"라는 것이었다.

예를 들어 다음의 한 문장을 읽고 어떤 이미지가 떠오르는가?

"나약한 소리를 하는 사람."

아마 대다수가 멘탈이 약한 사람이나 보잘것없는 사람이라는 이미지가 떠오를 것이다. 일본에는 "무사는 굶고도 먹은 체한다"라는 속담이 있다. 일본 사람들은 청빈하면서도 고고함을 잃지 않는 모습이 '강한 사람의 이상적인 모습'이라고 여긴다.

"급할수록 돌아가라"라는 속담처럼 이러한 가치관을 바꿔야 한다. 말하자면, 같은 글을 읽고도 다른 의미로 받아들이는 것이다. 지금 당연하다고 여겨지는 사고방식도 원래는 인간이 만든 말이기 때문에 의미나 해석을 얼마든지 바꿀 수 있다.

세상은 약한 자에게 손을 내민다

'나약한 소리를 하는 사람'에 대해 한 걸음 더 깊이 생각해보자. 나약한 소리를 하는 것은 정말 안 좋은 것일까? 예를 들어 이런 식으로 해석할 수는 없을까?

"일이 틀어지기 전에 팀원들에게 빨리 도움을 청하는 것이 낫다. 모두가 그것을 바로잡기 위해 움직일 수 있기 때문이다. 돈은 어떻게든 만들어낼 수 있지만, 시간은 누구도 되돌릴 수 없다. 자신의 자존심을 지키기보다 팀 전체를 위해 용기를 내야 한다."

자기주관으로 나의 언어를 만들어라

"일반적으로 하기 어려운 이야기를 해주는 것은 상대를 믿기 때문이다. 솔직한 마음을 털어놓았기 때문에 그 사람을 더 믿을 수 있다."

"자신이 지금 어떤 상태인지, 어떤 상황에 처해 있는지 객관적으로 파악할 수 있는 사람은 자기 인식력이 높은 것이다."

"애초에 완벽한 인간이란 없는 것처럼, 세계적인 대부호이든 유명한 아티스트이든, 누구나 살아가는 동안 어떤 불안이나 마음의 아픔을 느끼거나 벽에 부딪히는 법이다. 그것을 안 좋은 일인 것처럼 숨길 필요가 없다."

실제로 나약한 소리를 하는 것은 남에게 피해를 주는 것이 아니다. 나약한 소리를 하는 것에 대해 부정적으로 여기는 것은 자기 생각일 뿐이다.

'내가 도움을 청하면 주위 사람들이 얼마든지 도움을 줄 수 있기 때문에 마음이 훨씬 가벼워질 텐데, 왜 못 하겠다, 괴롭다고 말하지 못할까? 내 자존심이 허락하지 않는 것일지도 몰라.'

이렇게 생각해보면 하나의 가설이 떠오른다.

"자기 주관을 방해하는 적은 바로 나 자신이다."

무의식적 편견이
주관을 무너뜨린다

약함은 강함 프로젝트에 대해 또 하나 보충하고 싶은 것이 있다. 이 프로젝트의 이념을 자기 회사에도 전파하고 싶다고 하는 회사에서 강연회 같은 워크숍을 하면 반드시 이런 의견이 나온다.

"소수파인 사람, 약한 사람을 살피다가 오히려 책임자나 상사 같은 윗사람의 입지가 좁아지는 것이 아닌가요?"

약함은 강함이지만, 한편으로 강함은 약함이기도 하다. 강한 것처럼 행동해야 하는 사람도 있고, 윗사람이라서 느끼는 고민도 있다.

우리에게는 '약한 쪽이 불쌍하다'는 무의식적 고정관념이 있

다. 예를 들어 '약냉방차'는 있지만, 여름에 '강냉방차' 겨울에
'약난방차'를 운영하는 경우는 없다. 이것은 덥다고 말하는 사
람보다 춥다고 말하는 사람을 도와야 한다는 무의식적 편견 때
문이다.

그 무엇도 단정 짓지 말 것

사무실이나 카페에서도 그렇지 않은가? 에어컨을 틀 때 땀을
많이 흘리는 사람을 거북하게 여기고, 카디건을 걸치고 있는
사람을 신경 쓰는 분위기가 있지 않은가?

약한 사람을 더 배려해서 평등한 분위기를 만들려고 하지만,
정말 약한 사람이 아니라 약하게 보이는 사람들을 돌보고 있는
것인지도 모른다. 그것은 시대나 환경에 따라서 바뀐다.

조직은 인간으로 구성된 이상 완벽할 수 없다. 항상 흔들리
기 때문에 자동차나 피아노를 정기적으로 관리하듯이 주의를
기울이고 점검하면서 그때마다 좋다고 생각되는 형태를 만들
어가야 한다.

〈캡틴 필립스〉(Captain Phillips)라는 논픽션 영화는 대형 선박
이 소말리아 인근 해상에서 소말리아 소년들로 구성된 해적에
게 납치되는 이야기를 다루고 있다. 이 영화의 주인공인 대형
선박의 선장 필립스(톰 행크스)가 해적의 리더를 향해 "누구에게

나 상사는 있지"라고 말하는 장면이 있다. 범죄(해적)를 저지른 소년들에게는 장로라는 상사가 있고, 그 장로에게도 위협적으로 지시를 내리는 존재가 있다. 그렇다면 정말로 나쁜 사람은 누구인지 궁금해진다. 자신이 '악'이라고 정의한 상대가 정말로 '악'일까?

인간은 무의식적으로 사고의 혼돈을 일으키지 않기 위해 '이 사람은 이렇다', '이 나라는 이렇다'라고 단정한다. 이런 무의식이 자기 주관에 영향을 미친다는 것을 염두에 둘 필요가 있다.

자기주관으로 나의 언어를 만들어라

솔직함이
강력한 무기가 되는 순간

"내 이야기를 남에게 잘 못 합니다."

'약함은 강함 프로젝트'의 강연회에서 자주 이런 상담을 받는다. 그 이유를 물어보면 "못하는 사람(능력이 없는 인간)처럼 보이는 것이 불안해서요"라고 말하는 사람들이 많다. 특히 이직이나 부서 이동으로 직장 환경이 바뀌는 시기에는 그런 심리가 작용해서 다른 사람에게 못한다는 말을 솔직하게 털어놓기 힘들다. 하지만 시간이 지나면 잘하는 부분이 드러나듯이 못하는 부분도 드러나게 마련이다. 그렇다면 처음에 자신이 잘하는 것처럼 행동하기보다 오히려 자신이 조금 부족하다고 하는 것이 더 낫다.

한때 잠깐 인기를 끌었거나 어떤 스캔들로 미디어에 나오지 않게 된 유명인이 나중에 복귀했을 때 호감도 순위의 상위에 오르는 경우가 종종 있다. 이런 경우는 한번 큰 실수를 하거나 평판이 떨어지면 '더 이상 내려갈 바닥이 없어. 올라갈 일만 남았어'라는 긍정적인 사고로 전환되고, 자신에게 기대하는 사람이 없다는 해방감에서 오히려 당당히 자기만의 캐릭터를 세웠기 때문이다. 세상의 눈이 감점 방식이 아니라 가점 방식으로 움직였다고 할 수 있다.

육아를 할 때, 부하직원을 관리할 때는 아무래도 감점 방식으로 바라보게 된다. 무엇을 못한다, 무엇이 부족하다고 생각하는 것이다. 하지만 무엇을 잘하는지 가점 방식으로 바라보기만 해도 능률이 오르기 마련이다.

남들이 보기에 나는 어떤가?

앞서 소개한 럭비 선수 가와무라 신은 "본래 다른 사람에게 자기 고민을 털어놓는 사람을 약해 빠졌다고 생각했다"라고 말했다. 그리고 "정말 강해지기 위해서는 고민을 포함해 용기를 내서 다른 사람에게 이야기하는 것이 중요하다. 나를 알기 위해서는 다른 사람들이 나를 어떻게 보는지 알아야 하기 때문이다"라고 말했다.

자기주관으로 나의 언어를 만들어라

"나약함을 드러내는 사람이야말로 강한 사람이다"라는 가치관을 특히 윗사람부터 조성해야 한다.

승무원의 세계는 한 번뿐인 만남이 많다. 비행을 담당하는 팀은 기장을 포함해서 탑승하기 몇 시간 전에 처음 만나는 경우가 많다. 그래서 순식간에 팀워크를 발휘해야 한다.

첫 만남에서 "저는 과거에 이런 실수를 한 적이 있어요"라는 에피소드를 다 같이 공유하면 팀의 능력이 확 올라간다고 한다. 한마디로 자신의 부족한 부분을 드러내면 서로의 결속력이 높아진다는 의미다. 그야말로 약함이 강함을 만드는 사례이다.

벌어진 일이나 몸 상태, 마음의 변화는 바꿀 수 없다. 하지만 해석은 바꿀 수 있다. 해석이란 말하자면 '나는 이렇게 생각한다'라는 주관이다.

불안이나 고민을 파악하고, 그 속에서 희망을 찾아 앞으로 한 걸음 나아가는 그림을 그려낼 수 있는 도구도 '말'이다.

가끔은
제멋대로 굴어볼 것

누군가를 위한다는 것은 분명 좋은 일이다. 자기보다 타인을 우선적으로 생각하기는 쉽지 않다. 하지만 지나치게 다른 사람을 위하다가 자신을 잃을 수도 있다.

그렇다면 누군가를 위하려고 신경 쓰기보다는 자신을 위해서 하고 싶은 일을 하면 어떨까?

여러 설이 있지만, 일본어로 '제멋대로'는 본래 '나 그대로'라는 뜻이다. 사람은 누구나 '나'이므로 그것을 무시하지 않고 존중하면 '나 그대로 있는 것'이다. '너 그대로 좋다'라는 표현은 시나 노랫말, 명언으로도 자주 나오는 문구다. 그만큼 사람들에게 사랑받는다는 것은 대다수가 있는 그대로 살지 못한다는 방증일 것이다.

그렇게 생각해보면 '너 그대로 좋다'와 '제멋대로여도 좋다'라는 말은 거의 비슷하지 않을까?

'제멋대로'라고 하면 장난감을 사달라고 마트 바닥을 뒹굴며 떼쓰는 아이가 떠오를 수 있다. 자기 생각대로 되지 않으면 짜증 내는 사람이 아니라 내 생각이나 의견을 조금만 더 소중히 여기라는 뜻으로 받아들여 보자.

'너 그대로 좋다'라는 말이 세상 사람들에게 용기를 주는 표현으로 사랑받고 있는 것과 같은 맥락에서 '제멋대로여도 좋다'라고 생각해보자.

다른 사람들처럼 하면
평범해질 뿐이다

경영의 신이라고 불리는 사람은 '모두 똑같다'라는 가치관에서 크게 벗어나 개성을 발휘해온 사람들이다. 어떤 의미에서는 사회에서 비상식적인 사람들, 그야말로 주관의 화신이라고 할 수 있다.

혼다의 창업자인 혼다 소이치로의 에피소드는 모두 상상을 초월한다. 아이 같은 솔직한 감정 표현, 기술에 대한 철저한 고집은 있는 그대로 살아가는 사람의 전형이다.

예를 들어 F1(Formula One, 국제자동차연맹이 주관하는 국제 자동차 프로 레이싱 대회—옮긴이) 경주에서 지면 "왜 우리 엔진이 1등이 아닌 거야?"라고 대성통곡을 했다고 한다. 레이스에 진 것이 몹시 분해서 당시 '오딧세이'의 생산에 주력하고 있던 시기에 "공장을 멈춰! F1에서 이기지 못하면 망해도 좋아!"라고 선언하고, 아사카에 있던 오딧세이 공장의 우수한 엔지니어들을 집결시켜 F1에서 우승하기 위한 엔진을 개발했다. 그 결과 브라질의 아일톤 세나(Ayrton Senna)가 혼다의 엔진으로 우승했다.

물론 일본 시장에서는 매출이 뚝 떨어졌지만, 브라질의 영웅 아일톤 세나가 혼다를 지지한다는 사실로 유럽 시장에서 큰 인기를 얻었다. 유럽에서 F1의 영향력이 컸기에 결과적으로 혼다는 해외 시장에서 성공을 거두었다.

그 밖에도 자택에서 아이디어 발상에 몰두하고 있을 때 집앞을 지나가는 두부 장수의 목소리가 시끄럽다며 아내에게 "두부를 모조리 사버려"라고 말했다는 이야기가 있다.

혼다는 스즈카에 자동차 경주장을 만들었는데, 전국에서 유치를 시도했던 도시들이 전부 혼다 소이치로를 접대하는 데 혈안이 되어 있을 때 스즈카는 물수건과 차 한 잔만 대접한 그 자세와 가치관이 마음에 들어서 채택했다고 한다.

모든 에피소드가 결과적으로 잘되었기 때문에 미담으로 회자될 수도 있으나, 혼다 소이치로가 있는 그대로 살아가면서 모든 일을 자신의 주관에 따라 판단하고 선택한 결과인 것은 분명하다. 다른 사람과 같은 일을 하면 다 똑같은 결과가 나오는 것은 당연한 이치다.

"세상 사람 모두가 하지 않는 일을 하겠는가?"

이렇게 자문해보면 정말로 자신이 무엇을 하고 싶은지, 자기다운 삶의 방식이 무엇인지 알 수 있을 것이다.

어떤 길로 갈지
선택하는 것은 '나'

히라오 세이지라는 전설적이며 카리스마 있는 럭비 선수가 있다. 분위기도 신사적이고 멋있으며, 은퇴 후에는 지도자로도 매우 뛰어나 일본 럭비계의 큰 주춧돌을 세운 사람이다.

그는 'ONE FOR ALL, ALL FOR ONE'을 '한 사람은 모두를 위해, 모두는 하나를 위해'라고 번역했다. 보통은 '모두는 한 사람을 위해서'라고 하는데, 왜 굳이 하나라고 했을까? 그는 이렇게 말했다.

"전원이 하나의 목적을 향해, 한 사람 한 사람이 강점을 지니고 주위에 기여하는 것이 중요하다. 전원이 누구 한 사람을 위해 움직이는 팀은 결코 강해지지 않는다."

이화위귀(以和爲貴)라는 말이 있다. 모두 같은 상태로 있는 것이 아니라 모두 다르기 때문에 협력해야 한다는 뜻이다. 모두 똑같다는 것이 아닌 모두 다르다는 것이 전제다.

친구나 후배가 지금 사귀는 사람과 결혼한다는 이야기를 들으면 나는 이런 이야기를 자주 한다.

"사귀기 시작했을 때는 서로 같은 부분이 눈에 띄지만, 결혼하고 나서는 서로 다른 부분에 눈이 가기 때문에 상대가 나와 같아서 좋다고 생각하기보다 상대가 나와 다르지만 좋다고 생각하는 것이 중요해. 다만 희로애락을 느끼는 지점만큼은 같은 편이 낫다고 생각해. 무엇을 보고 눈물이 나는지, 무엇을 보고 웃는지, 공통점을 찾는 거야."

같다고 생각하면 다른 부분에 눈이 간다. 다르다고 생각하면 사소하게 같은 부분을 발견했을 때 '아, 이런 건 똑같네'라는 기쁨을 느낄 수 있다.

그리고 다르기 때문에 서로 보완할 수 있다. 감사한 마음과 존경심도 생겨난다. 그래도 '왜 이런 걸 몰라주지?'라고 느낄 때가 자주 있을 것이다. 그럴 때는 "말하지 그랬어?"라고 하지 말고, "알아주지 못해서 미안해", "힘들었구나"라고 서로에게 의지하는 것이 중요하다.

이야기가 조금 빗나갔지만, 요점은 '모두 달라서 모두 좋다'는 것이다. 애초에 '모두'라는 인간은 없다. 두 사람이 있으면 전혀 다른 성장 배경, 2개의 가치관과 사고방식이 존재한다.

자기주관으로 나의 언어를 만들어라

'혼자'가 기본이다.

세상에 답이 없는 문제로 의견이 나뉠 때는 대개 주어가 지나치게 큰 것이 원인이기도 하다.

"밥값은 여자가 아니라 남자가 내는 건가?"

"임대와 분양 중 어느 쪽이 나은가?"

어느 쪽이든 상관없지만, 전부 주어가 크다. 모든 것의 진정한 답은 '사람마다' 다르다. 돈을 얼마나 가졌는지, 땅이 어디에 있는지, 몇 살인지에 따라 달라진다. 더 자세히 말하면, 커다란 2가지 선택 이외의 조건이 중요하다. "역까지 거리가 10미터와 100미터 중에 어느 쪽이 걸어서 더 일찍 도착할까?"라는 질문을 했을 때, 그 길에 차단기가 오래 내려가 있는 철도 건널목이 있거나 인파로 혼잡한 거리가 있다면 대답이 달라진다.

모두 다르다고 생각하면 편하다

일을 하다 보면 다 같이 결정하는 경우가 있다. 그러면 기발하던 아이디어도 점점 두루뭉술해져서 재미가 없거나 본질에 가까웠던 소수 의견이 무시되기도 한다.

많은 사람들이 의견을 내는 것은 좋지만, 역시 마지막에는 혼자 결정했을 때 잘되는 경우가 많다. 다만 혼자 결정하려면 조직이나 팀에 기본적으로 신뢰 관계가 전제되어야 한다.

만원 전철을 좋아하는 사람은 아마 없을 것이다. 지평선에 떠오르고 지는 태양이 훤히 보이는 웅장한 땅에서 살아온 인류의 긴 역사에서 전혀 다른 사람들이 피부가 맞닿을 정도의 거리에서 한 공간에 꽉 채워지는 상황은 별로 없었을 것이다.

여러 가지 이유로 '이 장소가 좋다'라는 가치관이 생겨서 모두가 그곳에 모여, 같은 시간대에 전철을 타고 이동하는 문화는 수십 년에 걸쳐 도심에 완성되었다.

하지만 왜 만원 전철을 타는 것일까? 모두 달라도 좋다는 입장이라면 만원 전철에는 타지 않고 살아야 하지 않을까? 모두 같은 생활 리듬으로, 같은 사고방식으로 회사를 선택해 일하고 있기 때문에 모두 같은 만원 전철을 타고 있는 것이 아닐까?

일본은 무리 사회라고 하지만, 모두의 무리를 없애려는 사회라고 느낀다. 무리의 경계가 사라지고 모든 사람들이 서로를 구별하지 않고 똑같이 대하려는 경향이 강해지고 있다는 뜻이다. "나는 참고 있는데, 왜 당신은 참지 않습니까?"라는 부정적인 생각으로 몰아넣는 힘도 강하다. 엄격하게 자라온 사람이 다른 사람을 자상하게 대하기가 어렵듯이 이것은 연쇄적이다.

"사람은 다 다르다. 그래서 남들과 다른 것을 두려워하지 않는다."

말로는 쉽지만 용기가 필요하다.

자기주관으로 나의 언어를 만들어라

인생의 목표가
다 똑같을 수 있을까?

호주는 이민자의 나라이기 때문에 모두 다르다는 전제가 있다고 한다. 그래서 일단 상대의 출신 배경과 문화를 이해하고, 서로 존중한다.

호주 사람들은 특히 일본의 연령(연공서열 제도 등)이나 성별(성별에 따라 정해진 일이 다르다는 암묵적인 양해 등)을 신경 쓰는 풍토에 대해 분노를 표한다.

이민자의 나라나 유럽(특히 북유럽이나 프랑스)의 국가들은 남과 비교하는 분위기가 느껴지지 않는다. 경쟁에서 1등을 하겠다는 식의 순위를 목표로 하지 않고, 자신이 가장 원하는 한 가지를 목표로 한다. 물론 그것을 온리 원(only one)이라고 부를 수 있을지는 차치하더라도 말이다.

일본은 제2차세계대전 이후 자본주의 아래 서로 경쟁하는 것을 우선시하는 미국의 가치관을 채택했다.

회사가 아니라 일에 종사한다.
학력이 아니라 경험을 중시한다.
기억력이 아니라 이해력을 묻는다.
대량생산보다 고품질을 중요시한다.
형식보다 내용을 중시한다.
일뿐 아니라 휴식과 삶의 보람도 소중히 한다.

이런 가치관이 조금씩이라도 퍼져나가면 각자의 주관을 더 소중히 여기며 살아갈 수 있고, 서로를 인정할 수 있는 여유도 생길 것이다.

모두 같은 삶의 방식으로 살지 않아도 되고, 모두 같은 것이 오히려 부자연스러운 사회를 표방하는 나라로부터 배울 점이 많다.

자기주관으로 나의 언어를 만들어라

멘탈을 잡아주는
건강한 말

주관을 소중히 여기고 말로 전달하며 살아가는 일에는 모든 것이 그렇듯 좋은 면과 나쁜 면이 있다. 자기답게 살려고 하면 때로는 멘탈이 무너질 수도 있는 것이 세상사다. 멘탈을 단련한다는 것을 더 구체적으로 표현하면 수용하는 힘을 단련하는 것이다.

살아가는 한 누구나 크고 작은 고민과 불안을 안게 된다. 그러므로 그것을 전제로 생각해야 한다. 그런 스트레스에 알레르기 반응을 보이며 등을 돌리고 도망칠 것인가, 아니면 '올 테면 와봐'라고 냉정하게 받아들이고 마주할 것인가? 정신력이 강하고 약함은 스트레스를 어떻게 받아들이느냐에서 갈리는 것이다.

아찔한 긴장감, 머릿속이 새하얗게 될 만큼 믿을 수 없는 사건, 터무니없이 동떨어진 이상과 현실의 차이……. 이런 불쾌함이나 압박감을 물리치려고 싸우면 싸울수록 그것은 더 큰 적이 되어서 나를 공격한다.

보기에도 괴로운 현실을 우선 확실히 바라봐야 한다. 적으로 싸우려고 하지 말고 동료로 만들어야 한다. 그러려면 큰 용기가 필요하다. 강함은 부드러움이기도 하지만, 무엇보다 용기라고 생각한다. 욕심에 지지 않는 것, 자신의 약함을 받아들이는 것 모두 용기이며, 그것을 할 수 있어야 강한 사람이 된다.

누구나 그런 부정적인 마음을 가지고 있을 것이다. 그래서 사회 전체적으로 마이너스를 곱해서 보완하는 것이 중요하다.

마이너스 × 마이너스 = 플러스

한 사람만 약함을 드러내면 그 사람만 괴롭겠지만, 모두가 약함을 드러내면 결국 전체적으로 플러스가 된다.

자신이 약한 부분을 공개적으로 드러내면 그것을 보완할 강점을 지닌 사람이 활약하는 기회가 된다. 약함을 드러내는 것은 모두가 성장할 수 있는 기회. 모든 약한 부분을 교환해서 강한 부분을 살리는 사회로 만들 수 있다. 그러려면 먼저 고민을 받아들일 수 있는 환경을 만들어야 한다. 고민을 털어놓는

자기주관으로 나의 언어를 만들어라

것은 그다음에 할 일이다.

정신건강을 해결하는 대책은 다음과 같이 농경에 가깝다.

· 타깃(성과물)이 보이지 않는다.
· 주위와 반드시 협력해야 한다.

반면 목표 달성을 위한 대책은 수렵에 가깝다.

· 타깃(성과물)이 보인다.
· 혼자서도 할 수 있다.

감기를 예방하려면 손 씻기, 충치를 예방하려면 양치질과 정기검진, 몸의 건강을 위해서는 운동과 식사가 필요하다. 그렇다면 평소에 정신건강을 예방하는 법은 무엇일까? 바로 사람과 사람이 서로 이야기하는 것이다.

조직 안에서 무슨 일이 있을 때 이야기할 수 있는 상대가 있다는 것, 그런 관계성이 있다는 것만으로 팀워크가 좋아져서 정신적인 문제를 예방할 수 있다.

사람의 마음에
잘 전달되는 말과 글이란
어떤 것인가?

제3장

자기주관을 세우는
말과 글

'~라고도 할 수 있다'는
사고방식의 전환

카피라이터가 발전하는 길은 얼마나 상대의 시선으로 볼 수 있는지, 얼마나 일반적인 사람이 될 수 있는지 노력하는 데 달려 있다.

동시에 모든 일을 다양한 각도에서 보고, 상대의 입장에서 생각해보는 훈련을 하기 때문에 카피라이터는 위기나 곤경 속에서도 희망을 잘 찾아낸다. 무슨 일이 있어도 다른 사람을 다정하게 대할 수 있다. 그래서 어쩌면 살아가는 것이 조금이나마 즐거울 수 있을 것이다.

이번 장은 시점을 바꿈으로써 행동을 바꿀 수 있는 나만의 방법을 소개하겠다.

자기주관으로 나의 언어를 만들어라

시점을 바꾸면 행동이 바뀐다

'~라고도 할 수 있다'는 말은 카피라이터로서 일할 때만이 아니라 주문을 외우듯이 평소 생활에서도 의식하고 있다.

카피라이터의 경험에서 배운 '~라고도 할 수 있다'라는 사고 방식을 익히면 사는 것이 조금 즐거워진다고 단언한다.

① 나의 미래를 바꿀 수 있다

이 세상 모든 것은 여러 가지 면이 있다. 어떤 사람이든, 주변에 있는 물건이든, 어제 일어난 사건이든 모든 것들을 여러 가지 면으로 바라보는 것이 카피라이터의 시점이다.

달이라고 해도 초승달과 보름달은 모양이 다르고, 그에 따라 자아내는 정취도 다르듯이, 매사는 보여지는 것 이외에 여러 가지 다른 모습들을 가지고 있다.

예를 들어 돈을 엄청나게 많이 버는 사람은 그만큼 자유로운 시간이 없을지도 모르고, "난 정말 인기가 하나도 없어"라고 말하는 사람이 사실은 굉장히 인기가 있을지도 모른다.

트레이드오프(trade-off)라고 하듯이 다른 측면에서 이득을 얻으면 또 다른 측면에서는 뭔가를 잃게 된다. 모든 것이 충족된 상태는 상당히 드문 일이다. 무언가가 관통되었다는 것은 무언가가 빠져나간 것이라고 생각하는 관점이 필요하다. 따라서 모든 문제는 균형이 중요하다고도 할 수 있다.

일상생활에서 '~라고도 할 수 있다'라는 상황을 예로 들어보자.

(예)

아이가 컵을 쓰러뜨려서 바닥에 우유를 다 쏟았다.

↓

바닥을 물로 깨끗이 닦을 기회를 얻었다.

(예)

시험에 떨어졌다.

↓

인생에서 무엇에도 얽매이지 않는 자유로운 시간을 얻었다.

(예)

급행 전철을 놓쳤다.

↓

상대적으로 빈자리가 많은 전철에 앉아 갈 수 있다.

(예)

내가 더 열심히 했는데 게으름을 피우던 다른 사람이 더 좋은 평가를 받았다.

↓

억울하지만 더 노력해서 차이를 벌릴 계기가 된다.

자기주관으로 나의 언어를 만들어라

(예)

부담감이 커서 긴장된다.

↓

그 정도로 노력했다.

(예)

비둘기 똥이 옷에 툭 떨어졌다.

↓

더 무거운 뭔가가 떨어지지 않아 다행이다.

이것은 그저 긍정적인 사고일 뿐이라고 말할지도 모른다. 물론 맞는 말이다. 사물의 여러 면을 비춰보는 것은 부정적인 면만이 아니라 긍정적인 면에도 시선을 돌리자는 뜻이다. 컵에 물이 절반만 들어 있을 때 반이나 들어 있다고 생각하는지, 반밖에 들어 있지 않다고 생각하는지의 문제다.

다만 매사를 긍정적으로 파악한다는 것은 그리 쉬운 일이 아니다. 그러기 위해서는 가점 사고를 단련해야 한다.

100점 만점인 시험에서 한 문제가 틀릴 때마다 점점 점수가 줄어드는 감점 방식이 아니라 평평한 지면에 얻은 점수만큼 쌓아 올리는(수직 점수판에 점수가 한 칸씩 쌓이는) 가점 방식의 시선을 습득해야 한다.

고등학생을 상대로 럭비 지도를 했을 때, 체력을 단련하기 위해 운동장을 몇 바퀴씩 달리라고 하면서 전력을 다하길 바라는 마음에 "꼴찌는 한 바퀴 추가다!"라고 말한 적이 있다. 그때 어째서 "상위권 10명은 한 주 면제다!"라고 말하지 않았을까? 사람은 무심결에 안 되는 쪽에 눈을 돌리는 본성이 있는지도 모른다. 제대로 노력하는 사람, 잘되는 곳에도 빛을 비추고, 그 부분을 넓혀가는 방법도 있는데 말이다.

안 되는 곳에 의식이 가는 것은 어쩌면 위험을 포착하려는 인간의 본능인지도 모른다. 인류 역사상 현재만큼 식량이 풍부하고 살아가기 위한 최소한의 기반이 잘 마련되어 있었던 시대가 없었다. 언제나 곁에 죽음이 도사리는 삶을 살던 시대가 훨씬 길었다. 그러다 보니 생존 본능으로 위험을 감지하거나 조금이라도 생활을 향상하기 위해 문제점을 찾는 능력이 자연스럽게 갖춰졌을 것이다. 물론 지금도 전 세계에는 신변의 위협을 받는 사람도 있고, 가진 것에 만족하며 유유자적하게 사는 사람도 있다.

모든 각도에서 빛을 비추는 '~라고도 할 수 있다'의 요령은 시간 축을 직선으로 보는 것이다. 긴 안목으로 보는 시점이다. 지금 눈앞의 사실에만 얽매이지 말고 뒤로 쭉 물러나 '나중에 돌이켜보면 어떤 생각이 들까?'라는 시점으로 바라본다. 그러면 시야가 넓어지고 해석의 폭도 커진다.

② 지금을 더 의미 있게 만든다

카피라이터에게 기업의 이념, 비전, 사명을 생각해달라는 의뢰가 자주 들어온다. 보통은 그 회사의 창업자가 어떤 생각으로 경영을 시작했을 것이니, "창업자에게 물어보는 것이 어떻겠습니까?"라고 말한다.

하지만 창업자가 이미 세상을 떠났거나, 회사가 커지고 사업이 변화해서 창업 당시의 생각이 시대에 맞지 않게 되었거나, 사원이 늘어나면서 공통된 인식을 심어줄 예리한 표현이 필요할 때도 있다. 외부의 카피라이터에게 객관적인 시점에서 회사의 존재 의의나, 무엇을 하는 회사인지 언어로 표현해주기를 바라는 것이다.

이전에는 '사원의 행복 추구, 고객 제일 정신으로 사회에 공헌한다'라는 기업 이념이 많았지만, 요즘에 이런 표현은 어떤 회사든 똑같은 것 아니냐는 말을 듣기 십상이다.

전쟁 후에는 그런 정신이 중요했을지 몰라도 지금은 당연한 시대가 되었기 때문에 액자로 만들어서 벽에 걸어두던 이념이 사원들에게 스며들지 못했을 것이다.

"왜 이 기업은 존재하는가?", "무슨 일을 하는 회사인가?"라는 기업의 이념이나 선언문을 언어화할 때, 카피라이터는 본 그대로의 사실이 아니라 '그것을 무엇이라고도 할 수 있는가?'를 생각한다.

"지도에 남는 일!"(다이세이 건설)

이 캐치프레이즈는 1992년에 만들어졌다고 하니 벌써 30년 이상 사용되고 있는 셈이다. 건설업계는 3D 업종이라고 불리며 '힘들다, 더럽다, 위험하다'라는 이미지가 있음에도 그 노고를 '지도에 남는 일'이라며 '~라고도 할 수 있다'의 의미를 표현하고 있다. 시대를 초월해서 훌륭한 캐치프레이즈다.

"사랑이나 용기처럼 보이지 않는 것도 싣고 있다."(JR 규슈)

눈으로 보기에 철도에는 사람이나 화물을 싣고 달리지만, 그 차량에 타고 있는 사람이나 물건에는 사랑과 용기가 담겨 있다는 의미다. 이 훌륭한 캐치프레이즈도 지금 그 회사에서 일하는 사원들에게 긍지를 자아낸다.

지금 힘들거나 고통스럽다고 느끼는 것도 '그것에 어떤 의미가 있을까?'를 생각해보자. 그러기 위해서는 반작용을 의식하는 것이 중요하다. 자신이 무언가를 하는 것에는 어떤 역학이 작용하고 있으므로 반동이 있을 것이다. 지금 하는 일은 누구를 위하는 일인가? 무엇을 하고 있는가? 그런 생각을 하는 것이 '지금'의 의미를 만드는 데 도움이 된다.

자기주관으로 나의 언어를 만들어라

③ 모르는 것을 알게 해준다

완전히 새로운 방식이나 서비스, 상품을 세상에 내놓고 다른 사람들에게 알릴 때 비슷한 것에 비유해서 이름을 붙이는 것도 '~라고도 할 수 있다'의 응용이다.

'아폴로 프로젝트'라는 운동선수 전용 교육 프로그램이 있다. 스포츠를 직업으로 삼은 운동선수들은 은퇴를 앞두고 '무슨 일을 하면서 살아가야 하나?'라고 고민한다. 운동선수들은 현역으로 활동하는 기간이 짧은 편이다. 기업에서 운동선수를 대상으로 취직을 지원하는 서비스도 있지만, 실제로는 취직 자체가 목표가 되어 진정한 의미에서 그 일이나 회사에 맞지 않는 경우가 많다. 그 선수가 지닌 자질이 활용되지 못하므로 결국 회사를 오래 다니기 어렵다.

그래서 본질적으로 선수 자신의 마인드세트, 즉 선수만이 아니라 한 사람으로 살아가는 데 중요한 가치관이나 인생의 목적, 경기를 하지 않는 시간 등 평상시 자세를 단련하는 것이 그 선수의 미래를 위해 의미 있다고 생각했다. 아폴로 프로젝트는 비즈니스 업계에서 활약하는 사람들(강사, 코치)이 선수를 교육하는 마인드세트 프로그램을 제공하고 있다.

모든 것은 운동선수들이 '스포츠를 하고 있어 다행이다'라고 생각하기를 바라는 마음에서 시작되었다. 운동선수는 10년 후, 길어도 20년 후에는 반드시 은퇴한다. 사회에 나와 일반 기업에 취직하지 않고 좋아하는 스포츠를 선택했다는 이유로 남은 인생이 불우해지는 것은 매우 유감스러운 일이다. 운동선수들은 남다른 자질을 가진 사람들이다. 단순히 사회생활이나 스포츠 이외의 사람들과 교류할 기회가 적었을 뿐이므로, 비즈니스 업계에서 활약하는 강사나 코치들을 통해 그 업계와 만나는 기회를 제공하는 것 자체가 가치 있는 일이다.

아폴로 프로젝트라는 명칭을 생각할 때 이 계획이 선수들을 미지의 별에 날려 보내기 위한 것이라고 생각했다. 선수라는 재능 넘치는 로켓을 이면에서 쏘아 올리는 부스터 역할을 맡는 것이다.

'우리의 사명은 운동선수를 아직 가보지 못한 별로 보내는 일, 운동선수에게 대기권을 뛰어넘는 돌파력을 길러준다'라는 의미로, 우리의 꿈은 '운동선수가 사회의 벽을 돌파하는 세계, 운동선수의 힘이 세상에 널리 퍼져 있는 세계'다.

자격증을 딸 수 있는 것도 아니고, 단기간에 바로 사용할 수 있는 비즈니스 기술이나 노하우를 배울 수 있는 것도 아니다. 아폴로 프로젝트처럼 운동선수를 위한 마인드세트(mindset) 교육 프로그램은 새로운 것이어서, 어떻게 설명하면 이미지를 떠올리게 할 수 있을지 모두 머리를 싸매고 아이디어를 모았다.

그때 "이건 아폴로 프로젝트라고도 할 수 있는 거야"라고 콘셉트가 되는 문구를 정하고 나니 "그럼, 이건 아무도 하지 않은 일을 하는 큰 도전이네", "대기권을 뚫을 만한 에너지를 만들어야겠네"라며 일단 조직 내부를 향한 방향성을 정할 수 있었다.

자기주관으로 나의 언어를 만들어라

우리가 늘상 손에 들고 있는 아이폰(iPhone)도 사실 '~라고도 할 수 있다'의 응용이다.

전화이기도 하지만, 인터넷을 볼 수 있고, 음악도 들을 수 있으며, 메모도 쓸 수 있다. 어쨌든 완전히 새로운 장치다. 하지만 6개의 알파벳 중에 5개가 '전화'를 뜻한다.

모르는 것을 전달할 때는 '~라고도 할 수 있다'는 관점의 전환이 도움이 된다.

"🙍‍♀️"
모두를 움직이게 하는
말의 콘셉트

2014년, J리그 쇼난 벨마레 팀 오쿠라 사토시 사장이 나에게 상담을 요청했다. "사원 누구나 쇼난 벨마레를 사랑하고 있지만, 그 매력이나 클럽의 존재 의의를 각자 다른 말로 이야기하기 때문에 하나가 되지 않습니다"라는 내용이었다. 그래서 기업 이념을 정하기 위한 프로젝트가 시작되었다.

클럽의 직원, 스폰서 기업, 응원단까지 종합형 시민 스포츠 클럽만의 다양한 이해관계자들을 약 반년 동안 취재한 끝에 벨마레의 DNA를 추출했다. 그렇게 미션, 비전, 가치가 탄생했다. 2014년 12월 10일 일본경제신문의 조간에서 "이념을 정리한 회사 안내가 있는 J리그 클럽은 처음 본다"라며 칼럼에도 다

자기주관으로 나의 언어를 만들어라

뤄주었다.

그것을 하나로 집약한 것이 다음 슬로건이다.

"즐기고 있는가?"

쇼난 벨마레의 축구 스타일은 전력투구다. 보는 사람들에게 승리를 안겨주겠다고 100% 약속할 수는 없지만, 전력을 다해 뛴다는 약속은 할 수 있다. 넘어져도 바로 일어나서 우직하게 플레이한다. 1분을 남겨놓고 이기고 있어도 끝까지 계속 달린다. 사람들은 일요일 밤에 스타디움에 가서 쇼난 벨마레 선수들의 한결같은 자세에 용기를 얻어 다음 날 힘을 낼 수 있다. 그것이 클럽이 지역에 존재하는 가치라는 것이 쇼난 벨마레의 핵심 신념이다.

"이기든 지든 박수받는 클럽을 목표로 하자."

"바닥에 떨어진 쓰레기를 줍는 사람이 되자."

클럽에서 이런 말을 항상 선수나 스태프에게 전하는 것이 인상적이었다.

당시 클럽의 매출 규모는 J1 리그 클럽 한 곳의 약 3분의 1 정도였다. 그래서 유명한 선수를 데려오기는 어려웠다. 그래도 청소년 세대부터 위와 같은 이념과 방식으로 선수들을 키워 활약하게 하는 것이 쇼난 벨마레였다.

스포츠의 가치는 그렇게 자기 자신도 잊어버릴 정도로 전력을 다하는 무아지경의 상태에 있다. 그렇기 때문에 승패의 맞은편에 있는 '즐기다'가 스포츠의 본질이라는 생각에서 "즐기고 있는가?"라는 슬로건을 만들었다.

이 슬로건은 클럽의 상징이라고 할 수 있는 공식전 유니폼의 엠블럼 밑에도 새겨져 있다. 기자 회견 때 뒤에 두는 스폰서 보드나 온갖 상품(스타디움 내에서 마시는 맥주 컵에도) 등 쇼난 벨마레와 관련된 모든 곳에 사용된 지 10년 가까이 지났다.

'즐겁다.' 이것은 바로 주관이다. 무엇을 즐겁다고 생각하는지는 사람마다 다르다. 그렇기 때문에 어떤 상황에서도 즐길 수 있다. "즐기고 있는가?"라는 콘셉트를 만들자 실제로 모든 행동의 지침이 되었다.

자기주관으로 나의 언어를 만들어라

내 마음속에
분명히 자리 잡은 한마디

"즐기고 있는가?"라는 쇼난 벨마레의 슬로건에는 나의 주관도 짙게 반영되었다.

나는 대학 시절 럭비부에 소속되어 있었다. 그 4년 동안 정말 힘든 경험을 했고, 지금 생각해보면 정신적으로도 육체적으로도 가장 단련됐던 기간이었다.

특히 대학교 1학년 때 럭비부의 여름 합숙은 평생 절대 경험할 수 없다고 확신한다. 그 이상으로 몸과 마음이 떨어져 나가는 듯한 일은 없었다.

아침 6시에 일어나 연습을 시작하면 10시에 끝난다. 숙소에 돌아오면 계단을 오를 수조차 없을 정도로 온몸에 피로가 몰려

온다. 5분이라도 낮잠을 자기 위해 서둘러 점심을 먹는다. 낮잠을 자도 여전히 피곤한 몸으로 오후 연습에 돌입한다. 나가노현 스가다이라의 뙤약볕 아래에서 계속 달린다. 몸도 부딪혀서 여기저기 아프다. 정신력도 체력도 바닥난 지 오래다. 그래도 아침은 또 온다. '이것이 일본에서 제일 뛰어난 대학 클럽인가……'라는 생각이 들면서 의식이 몽롱해진다.

그러다 보니 어느덧 4학년이 되었다. 연습하는 운동장에 가기 전에 로커룸에서 다 같이 옷을 갈아입고 스트레칭을 하거나 테이핑을 감으면서 준비한다. 후배들은 여전히 다 죽어가는 표정을 짓고 있었다. 그 마음이 정말 이해가 되었다. 후배들은 심지어 청소나 당번까지 하느라 쉴 틈이 없었다.

그때 로커룸에서 예전의 나와 같은 후배들에게 이야기했다.

"이제 훈련이 시작돼. 하지만 몇 시간 후에는 반드시 끝나고 다시 여기로 돌아올 거야. 어차피 할 바에는 재밌게 하자. 하기 싫고 괴로운 연습을 억지로 하는 게 아니라 하고 싶어서 한다고 웃으면서 하자. 코치들이 어이없어할 정도로."

비록 후배들에게 이야기하는 것이었지만, 절반은 나 자신에게 하는 이야기였다.

이때의 경험이 "즐기고 있는가?"라는 카피를 쓰는 데 큰 출발점이 되었다. '어차피 할 바에야 재밌게 하자'라는 생각이 내 마음속에 분명히 자리 잡았다. 내 기억 속에 짙게 남은 경험과 느낀 점에는 분명히 주관이 담겨 있다.

글자 수와 표현력은
비례하지 않는다

'말'을 일본어로 '코토바(言葉)'라고 한다. 한자에는 '잎 엽(葉)' 자가 들어 있다. 잎은 작은 가지에서 나고, 그 가지들은 줄기에서 뻗어 나오며, 줄기는 땅속의 뿌리라는 토대에서 생겨난다.

말은 한자 그대로 '잎'이다. 비록 한겨울에 잎이 하나도 붙어 있지 않은 시기에도 뿌리는 아래로 아래로 뻗어 나간다. 뿌리 부분이 풍성하면 따뜻한 봄에 잎이 무성하게 나온다. 나는 이 뿌리 부분이 주관이라고 생각한다.

뿌리는 그 사람만의 심정이나 주관, 줄기는 그 뿌리에서 나온 행동, 잎은 그 줄기를 표현하기 위한 도구(혹은 기호)라는 이미지다.

자신이 어떻게 생각하는지 뿌리가 굳건하게 자라고 있다면, 극단적이지만 말로 하지 않아도 된다.

예로부터 이런 말이 있다.

"입이 화근이다."

"말하지 않는 것이 꽃이다."

"침묵은 금이다."

말을 많이 해서 좋을 것 없다는 교훈이다.

쓰거나 말하는 행위는 본래 자기 안에 있는 것을 남에게 보여주는 것이고, 조금 겸연쩍은 일이다. 그래서 말보다 행동이 훨씬 중요하다. 나는 럭비라는 스포츠를 하면서 "태클하자!"라는 하나의 구호보다 실제로 몸을 붙여 태클하는 행동이 얼마나 주위에 용기를 주는지 실감했다.

나는 비록 문장을 써서 밥을 먹고사는 카피라이터이지만, 말로 표현할 수 없는 것이야말로 가장 중요하다고 생각한다.

말보다 더 강력한 것

내가 가장 좋아하는 만화 ≪슬램덩크≫(이노우에 타케히코)에서 특히 좋아하는 장면은 주인공 사쿠라기 하나미치(강백호)와 그 팀 동료이자 물과 기름의 관계인 루카와 카에데(서태웅)가 하이파이브를 하는 클라이맥스 부분이다. 좌우 양쪽 페이지에

자기주관으로 나의 언어를 만들어라

는 대사도 의성어도 전혀 없고, 둘이서 하이파이브를 하는 일러스트만 그려져 있다.

이 만화를 본 적이 없는 사람이 이 장면을 본다면 "잘 그린 그림이네"라는 감상으로 끝나겠지만, 클라이맥스까지 만화를 읽어온 사람이라면 이 그림을 보는 것만으로 눈물이 흐를지도 모른다. 물론 이노우에 타케히코의 압도적인 묘사력도 한몫했지만, 만화인데도 말풍선(대사) 없이 그림 하나만으로 사람의 마음을 흔든다. 인간적인 스토리가 있으면 말이 없어도 전해진다는 것을 보여준다.

일본 영화계의 4대 거장 오즈 야스지로 감독의 영화도 '말로 하지 않으면 더 잘 전해진다'라는 것을 느낄 수 있다. 가수 우타다 히카루는 라디오 방송에서 "우타다 씨에게 말이란 무엇인가요?"라는 청취자의 질문에 이런 대답을 내놓았다.

"말이라는 것은…… 말로 표현할 수 없는 것을 표현하는 도구가 아닐까요."

나는 "역시 그렇지!"라고 동감했다. 이 세상에는 말로 표현할 수 없는 것들이 넘쳐나고, 말은 필요에 따라 그것을 표현하기 위한 하나의 도구이다.

카피라이터라고 하면 '전하고 싶은 내용을 한 줄로 명확히 전달하는 말의 전문가'라고 한다. 그것은 어디까지나 필요에 따라서 그 상황을 말로 표현하는 것이고, 말을 짧게 응축하는 것은 하나의 기술이다. 작사가들은 '좋아한다', '보고 싶다', '힘내라'라는 단 몇 글자의 말을 다양하게 표현하면서 글자 수를 늘리는 전문가다.

거듭 말하지만, SNS에 반사적으로 뭔가를 올리거나 다른 사람의 댓글을 읽어보기 전에 먼저 '나는 어떻게 생각하는가?'를 생각하는 것이 중요하다. 그런 자신의 내면과 대화하면 자신의 말을 발견할 수 있다.

마음의 소리를 듣는 일은 자신을 아는 것과 같다. 자신이 어디에서 희로애락을 느끼는지에 민감해지는 것, 자기 자신과 대화를 해보고 '나는 이렇게 생각해'라고 서로 의견을 교환한다면 서로 마찬가지라는 마음이 들면서 자신의 의견과 다르다고 해도 존중하게 된다.

모두가 자신의 말로 대화할 수 있다면, 서로 자신의 의견을 주고받고, 그것을 받아들이면서 좀 더 타인을 존중하거나 인정할 수 있는 세상이 되지 않을까? 나는 그런 세상을 꿈꾼다.

말하고 싶지 않을 때는
'써라'

자신의 말을 찾는 데 가장 효과적인 방법은 쓰기다.

쓴다는 것은 자신을 아는 기회가 된다. 말하자면 거울과 같은 것이다. 쓰는 것 자체는 비용이 한 푼도 들지 않는다. 그러면서 읽는 사람에게 어떤 감정을 불러일으킬 수 있고, 돈을 벌수도 있다.

이메일이 등장하면서 글을 쓸 기회가 늘어났고, SNS 등을 통해 개인이 사회를 향해 부담 없이 생각을 전할 수 있게 되면서 글을 쓸 공간도 늘어나고 있다. 살아가면서 쓰는 행위는 피할 수 없다.

평소 자신의 느낌이나 생각을 적어보자. 하루를 되돌아보고 언어화해본다. 그리고 가능하다면 그것을 누군가에게 읽어달라고 한다. 처음에는 와 닿지 않는다, 이해되지 않는다는 의견을 들을 수도 있다. 하지만 그런 피드백도 자신을 아는 기회가 된다.

자신이 쓴 말은 종이나 스마트폰에 담긴 외부의 말이다. 흔히 "그날 할 일을 적으면 머릿속이 정리된다", "고민을 하나씩 써보니 마음이 좀 가라앉았다"라고 이야기한다. 그것은 자신을 객관적으로 바라보면서 냉정해질 수 있기 때문이다. 욕실에 떨어진 자기 머리카락을 만지는 것은 별로 내키지 않듯이, 매일 만지고 정성스럽게 돌봐도 자신에게서 떨어져 나가면 내가 아니게 되는 것이다. 언어화는 그것과 비슷하다.

'마인드풀니스(mindfulness)'라는 말을 들어본 적 있는가? 문자 그대로 마음을 충만하게 하는 것이다. 의역하자면 "여러 마음이 있으니 여기저기에 눈을 돌려보자"라고 할 수 있다. 힘든 고민이 있을 때는 아무래도 시야가 좁아진다. 주변의 모든 것이 적으로 보이고, 왜 자신이 이렇게 곤욕을 치러야 하는지 궁금해진다. 그럴 때일수록 글 쓰는 행위를 통해 '그게 꼭 나쁜 것만은 아니구나'라고 객관적으로 볼 수 있다.

성공적으로 활약하는 비즈니스맨이나 운동선수들은 모두 자신을 객관적으로 볼 줄 안다. 자신이 어느 때 스트레스를 느끼는지, 어떤 사고 습관이 있는지 누구보다 자신이 잘 안다.

자신의 말을 쓰기 위한 첫걸음은 자신을 아는 것이다. 그렇다면 어떻게 자신을 알 수 있을까? 자신을 알기 위해서는 자신을 보는 것보다 주위 사람을 보는 편이 낫다.

좋은 선수 곁에는 반드시 좋은 코치가 있고, 좋은 작가 곁에는 좋은 편집자가 있다. 그렇게 자신을 외부의 시선으로 봐주는 사람의 피드백을 진지하게 받아들인다. 자신은 스스로 '이런 사람이 되고 싶다'라고 생각해도 다른 사람은 그렇게 보지 않는 경우가 있다.

자신이 지금 생각하는 것을 언어화해서 종이에 적어보는 일, 그리고 가까이 있는 친구든 상사든 파트너든 신뢰할 수 있는 타인에게 내가 어떤지 피드백을 받는 일, 이 2가지를 통해 자신을 더 잘 이해할 수 있다.

"👩" — '이래야 한다'는 것은
없다

콤플렉스가 있는 사람일수록 주위의 시선을 신경 쓰는 법이다. 자신에게 부족한 것을 강하게 의식하고, 주위에서 그것을 보고 있지는 않은지 마치 감시하듯이 항상 타인의 모습을 살피는지도 모른다.

하지만 누구에게나 콤플렉스는 있다. 외모든 체형이든 학력이든 직장이든 더 잘하고 싶어 하면 끝이 없으니 말이다.

그런데 무엇이 좋은지 나쁜지에 대한 가치관은 주관이다. '이래야 한다'라는 정답은 원래 없다. 규칙이나 법률도 인간이 만든 것이고, 정답도 시대에 따라 바뀐다.

유치원과 어린이집을 운영해서 유아교육에 해박한 사람과

이야기를 나눈 적이 있는데, 그 사람은 이렇게 말했다.

"지금까지 여러 부모님에게 육아 고민을 들어왔는데, 대부분 정답이 뭔지 몰라서 답답해하고 있었어요. 그래서 주변 가정을 많이 보고, 인터넷 정보를 찾아다닙니다. 그런데 육아에 정답은 없어요. 정말이에요. 모든 육아가 정답입니다. 정확히 말해 사랑이 있는 육아는 모두 정답이라고 할 수 있겠네요."

'모든 육아가 정답이다.' 올바른 방법이 따로 있는 것이 아니라, 그것에 얽매이지 않고 열심히 사랑으로 아이를 대한다면 어떤 육아 방법이든 괜찮다는 뜻이다. 이 세상 모든 부모들을 위로하는 말이다.

마지막의 '사랑이 있다면'이라는 말이 핵심이다. 사랑이란 무엇일까? 커뮤니케이션은 받는 사람이 주체이므로, 사랑하는 상대가 사랑받고 있다고 느껴야 한다.

완벽도 정답도 없다. 누군가에게는 정답이라도 나에게는 오답일 수 있다. 그리고 그 정답도 변한다. 이런 생각만으로도 자신의 주관에 정직해질 수 있다. 오히려 불완전하거나 부족한 것이 더 자연스럽다.

일본의 개그 콤비 '다운타운'의 마쓰모토 히토시가 쓴 《유서》(遺書)라는 책에 "가난했기 때문에 웃음의 센스를 기르려고 노력했다"라는 구절이 있다. 그가 물심양면으로 풍족한 생활을 했다면 창의력이나 에너지는 없었을 것이다.

이전에 프로야구 선수였던 구와타 마쓰미는 나와 인터뷰에서 "와인을 좋아해서 포도를 재배하고 있어요. 포도가 좋아하는 환경을 지나치게 조성하면 포도는 맛있어지지 않아요"라고 말했다. 뭐든지 완벽하다고 다 좋은 것만은 아니다.

자기주관으로 나의 언어를 만들어라

넘어지는 법을 배우면
두렵지 않다

초콜릿으로 유명한 고디바의 프랑스인 사장이 하는 강연을 들은 적이 있다. 그는 활쏘기에 능한데, 스승에게 "겨누면 안 돼!"라는 충격적인 말을 들었다고 한다.

활을 쏘려면 과녁을 겨누어야 하는데, 그것을 겨누면 안 된다는 것이었다. 처음에는 그 의미를 몰라서 당연히 물음표만 떠올렸다.

중요한 것은 맞히는 것이 아니라 맞는 것이라고 한다. 기업 경영도 마찬가지다. 매출 수치만을 목표로 하다 보면 어떻게든 이익을 내려다가 무리하거나 어긋날 수 있다. 그리고 그러한 방식은 오래갈 수 없다. 고디바라는 회사의 이념인 '고객의 행복'만을 추구하면 화살은 결과적으로 과녁에 들어맞는다(이익은 따라온다)는 이야기였다. 과녁에 맞히려고 하면 맞지 않는다는 것이다. 게다가 목표는 72% 정도의 비율로 달성하면 된다고 했다. 마지막으로 "일본인은 완벽을 추구하기 때문에 모두 성실하다. 하지만 일을 즐겨라"라는 말도 했다.

콜라나 엑스레이도 의도한 것이 아니라 우연히 발명되었다고 한다.

2장에도 썼지만, 탤런트, 연예인, 정치가들이 스캔들이 터지거나 큰 실패를 경험한 뒤에 어려움을 견뎌내고 복귀해 다시 활약하는 사례가 있다. 더 이상 잃을 것이 없다는 마음가짐으로, 있는 그대로의 자신을 보여줄 여유가 생겼기에 좋은 성과를 내는 것이 아닐까? 일단 바닥까지 떨어지면 위를 향해, 하늘을 향해 올라가는 일만 남는다. 무엇을 해도 가점되는(호감도가 올라가는) 일만 있다.

생각해보면 중학교 체육 수업에서 유도를 할 때도 처음에는 낙법을 배웠고, 스케이트에서도 처음에 넘어지는 방법부터 배운다.

처음에 넘어져 보면 무섭지 않다. 넘어지는 법을 알아두면 넘어지는 것이 조금 덜 무섭다. 지나치게 완벽하려고 하거나 틀려서 실망을 주고 싶지 않다는 마음이 강하면 공포심에 사로잡혀 본래 자신의 기량을 제대로 펼치지 못한다.

정답이 아니어도, 완벽이 아니어도 된다. 오히려 불완전함이나 부족함에 진정한 자신이 있을 것이다. 나의 주관을 소중히 여기기 위해 자신의 불완전하거나 부족한 부분을 받아들이는 것이 중요하다.

세상에 휩쓸리지
않기 위한 노력

내가 필요 이상으로 타인의 시선을 신경 쓰지 않으려고 조심하는 것이 2가지 있다. 첫 번째는 SNS를 열심히 하지 않는 것, 두 번째는 텔레비전과 스마트폰으로 뉴스를 보지 않는 것이다.

SNS에 '무언가를 올리면 사람들이 부러워할까?', '어떻게 하면 '좋아요'를 많이 받을 수 있을까?'라고 생각하는 것은 전형적으로 타인의 시선을 신경 쓰는 모습이다. 그런 고민으로 시간을 낭비하기보다는 차라리 올리지 않는 편이 낫다. SNS로 불특정 다수의 사람에게 이것저것 알리기보다 직접 이야기하는 사람들이 나를 있는 그대로 이해해주면 된다. 실제로 대량의 정보가 매일 유입되는 SNS에서 세계적인 경영자나 아티스트가 아닌 한 나에게 흥미를 보이고 게시물이 올라오기를 기다리는 경우는 거의 없다.

그리고 팔로어가 1천만 명 정도 되는 세계적으로 유명한 사람이나 팔로어 수와 관계없이 주위 시선보다 자신의 스타일을 고수하는 사람들은 길바닥에 널브러진 쓰레기나 반려동물의 사진처럼 자기 주변의 평범한 일상을 올린다. 이미 승인 욕구가 충족되었으므로 '부러움을 사고 싶다', '존경받고 싶다'는 것처럼 남에게 어떻게 보이고 싶은 마음이 없기 때문이다.

몇 년 전부터 우리 집에는 텔레비전이 없다. 정확하게는 인터넷 콘텐츠를 시청하는 모니터만 있을 뿐 텔레비전 회선에 연결되어 있지 않다. 주변에도 그런 사람들이 꽤 많다.

텔레비전도 그렇고, 인터넷 뉴스도 전혀 보지 않는다. 대개 나의 세계와 전혀 관계없는 사람들의 잡담 정보이기 때문이다. 어느 날 '여기에 떠도는 뉴스나 정보는 대부분 내가 원하지 않는 것'이라는 사실을 깨달았다. 그런 것을 읽던 그 시간은 무엇이었는지, 그 정보를 알고 다행이라고 생각한 적이 있었는지를 생각해본 것을 계기로 스마트폰에서 뉴스 앱을 모두 삭제했다.

그래도 가끔은 SNS에서 흘러나오는 뉴스 제목을 읽고 클릭하고 싶을 때도 있다. 그럴 때는 '이 기사가 유료 500엔으로 5분 후에 표시된다고 해도 읽을까?'라고 자문해보고 그렇지 않다면 열어보지 않는다.

가끔은 '침묵의 날'을 가져라

그렇다면 나는 세상을 어떻게 알 수 있을까? 바로 사람과 신문을 통해서다.

아날로그 방식이지만, 실제로 만난 사람과 이야기를 나누면서 여러 가지 정보를 받아들인다. 나는 가능하면 집에서 자유롭게 먹고 마시고, 책을 읽고, 기타를 치는 등 좋아하는 것을 하며 보내고 싶다. 그러나 용기를 내서 사람을 만나면 돌아오는 길에 만나길 잘했다는 생각이 든다. 그래서 일과 관련한 만남은 물론 친구를 만나는 것도 즐긴다.

신문에 관해서 이야기하자면, 일주일에 두 번 조간 경제신문을 편의점에서 사서 처음부터 끝까지 읽는다.

예전에는 신문을 매일 읽었다. 어떤 뉴스의 경과를 점이 아닌 선으로 알 수 있어서 좋았고, 요일별로 다른 칼럼이 매력적이었다. 하지만 지금은 정보가 과다한 느낌이 들어서 현재의 방식에 정착했다. 일주일에 이틀 정도 신문을 읽으면 비교적 세상과 사회에 대해 알 수 있다. 다른 사람을 만날 때 화제가 되는 이야기를 듣고도 몰라서 놀라는 경우는 거의 없다. 주간지 광고도 가끔 들어가 있어서 연예 뉴스나 정치 관련 스캔들도 헤드라인 정도는 얻을 수 있다.

또 하나, 내 마음과 마주하는 시간을 늘리는 방법으로 과감히 스마트폰을 두고 집을 나선다.

어느 날 아침, 회사에 가려고 집을 나와 전철역 개찰구 앞에서 문득 주머니에 손을 넣었는데 스마트폰이 없다는 사실을 깨달았다.

집까지 가서 스마트폰을 가지고 다시 역으로 돌아와도 늦지 않을 만큼 시간 여유는 있었지만, 3초 정도 생각해보고 그냥 가기로 했다. 항상 있는 것을 없애보는 실험에 도전한 것이다.

그러자 얼마나 많은 것이 스마트폰 한 대에 결합되어 있는지 깨달았다. 환승 시간도 시간표나 노선도를 보고 스스로 계산해야 하는 것도 신선한 경험이었다. 문득 생각나서 SNS를 보고 싶은데 스마트폰이 없어서 볼 수 없었다. 굳이 안 봐도 되는 것까지 무의식적으로 보던 습관을 깨달았다. 노트북은 가지고 있었기 때문에 책상에 앉아서 인터넷으로 검색하거나 메시지를 주고받는 일은 할 수 있었다.

스마트폰이 없어도 하루 정도는 일반적인 일을 할 수 있다는 것을 발견했고, 동시에 항상 바깥세상과 연결되어 있다는 것을 실감했다. 누군가에게 오는 연락이나 SNS에 올라오는 게시물의 알림을 끄기만 해도 내 마음과 대화하는 시간이 훨씬 늘어난다. 이동 중이거나 화장실에 앉아 있을 때 '나는 그것에 대해 어떻게 생각하지?'라고 뭔가를 생각할 수 있어서 매우 신선했다.

여담이지만 스마트폰이 수중에 없어서 가장 곤란한 경우는 사진을 찍을 수 없다는 것뿐이었다. 고성능 카메라를 항상 가지고 다니는 것이 얼마나 편리한지를 통감했다. 사우나와 목욕탕에 가는 것을 좋아하는 사람이 많은데, 그곳에서는 기본적으로 스마트폰을 사물함에 두고 들어가기 때문에 마음이 가벼울 것이다. 모두 손에는 아무것도 들고 있지 않고, 눈앞의 사람과 나누는 생생한 대화만 있을 뿐이다. 오랫동안 인류는 그런 의사소통만을 해왔다.

내가 요즘 즐겨 하는 서핑도 마찬가지다. 스마트폰을 바닷속에 가지고 갈 수는 없다. 맨몸으로 서프보드 하나만 가지고 푸른 하늘 아래 바다 위의 파도를 바라본다. 동료와 함께라면 아무도 스마트폰 화면을 보면서 이야기하는 사람은 없다. 침묵의 시간을 포함해서 지금 그곳에 있는 것만이 전부다. 그래서인지 서핑은 최고의 재충전 시간이다.

한 달에 하루만이라도 스마트폰 뮤트 데이(mute day, 침묵의 날)를 가져보는 것은 어떨까? 필요한 것은 용기뿐이다.

'하기 싫은 것'에서
'하고 싶은 것' 찾기

취직을 앞둔 고등학생이나 대학생들은 상담에서 "저는 하고 싶은 일이 없어요"라는 고민을 털어놓는다. 그럴 때는 "하기 싫은 일은 뭐야?"라고 질문해본다.

일반적으로는 하고 싶은 일을 해야 한다고 생각하지만, 원래 우리 교육은 하고 싶은 일이 아니라 해야 할 일을 중심으로 진행되어 왔다. 줄곧 그런 교육을 받아온 스무 살 학생이 하고 싶은 일이 있는 경우가 오히려 드물고, 있다면 행운일 것이다. 내게 상담하러 오는 학생들의 본심은 대개 상위권 회사에 입사하고 싶어 하는 것이다. 다들 지망 동기는 나중에 밝힌다.

기업도 학생들이 자사에 대해 알 리 없다고 생각하므로 단순히 회사의 풍토에 맞는지, 후배로서 잘 따를 것 같은지, 좋고 나쁨을 기준으로 보는 듯하다(물론 모든 회사가 그런 것은 아니다). 말하자면 능력보다 붙임성을 우선시한다.

사람들이 원하는 것은 대체로 비슷하다. "행복의 형태는 거의 같지만 불행의 형태는 무한하다"라는 격언이 있다. '이랬으면 좋겠다'라는 욕구는 '부자가 되고 싶다', '인기가 많으면 좋겠다', '건강하고 싶다', '인정받고 싶다'처럼 대개 비슷하기 때문에, '이런 건 정말 싫다'라는 것에서 개개인의 개성이 나온다. 나는 전혀 신경 쓰지 않는 것도 상대는 싫어하는 경우가 종종 있다.

체중을 관리하려면 '무엇을 먹을 것인가?'보다 '무엇을 먹지 않을 것인가?'에 신경 써야 성과가 나온다. 기업의 브랜딩도 '무엇을 할 것인가?'보다 '무엇을 하지 않을 것인가?'에 신경 써야 독창성이 발휘된다.

예를 들어 내가 구직 활동을 하던 시절에 회사를 선택하는 기준은 정장을 입지 않아도 되는 곳, 동아리 선배가 없는 곳이었다. 다행히 하고 싶은 일이 카피라이터(말을 생각하고 쓰는 일)였기 때문에 2가지 조건에 맞으면서 카피라이터로 일할 수 있는 회사를 찾아 입사했다.

정장을 입지 않아야 하는 이유는 정말 단순했다. 정장을 입으면 몹시 피곤하기 때문이다. 이렇게 말하면 몸에 맞는 좋은 정장을 입어본 적이 없어서 그렇다는 소리를 듣기도 하는데, 단순히 말해서 정장은 속옷, 셔츠, 재킷 등 형식적으로 많은 옷을 겹쳐 입어야 하므로 너무 덥다. 나는 원래 신진대사가 활발한 편이라 정장을 입는 것만으로도 덥고, 그것을 입고 전철을 타고, 의자에 앉아 일하는 것이 고역이다.

"시원하고 간편한 쿨비즈(cool-biz) 스타일로 셔츠만 입으면 되지 않나?"라는 지적도 있겠지만, 셔츠를 바지에 넣어야 하는 것이 문제다. 그 형태가 상반신의 열을 셔츠 속에 가둬놔서 참을 수가 없다.

그리고 넥타이, 재킷, 좋은 가죽 구두를 알맞게 착용해야 정장이라고 생각한다. 쿨비즈라고 해서 반소매 셔츠에 슬랙스를 입고, 스니커즈 같은 검은 구두를 신는 식으로 형태가 무너지도록 변형한다면 차라리 '티셔츠 반바지'로 만드는 것이 낫지 않을까?

정장 발상지의 기후와 일본은 다르다. 거의 열대기후인 나라에서 정장을 입는 것은 쉽지 않은 일이다. 남성이 정장을 입고 회사에 가는 문화가 일본에 정착한 것은 전쟁 이후이므로 앞으로는 바뀔 것이다. 물론 정장을 꼭 입어야 하는 일이나 제복이 필요한 일, 굳이 정장을 입고 싶은 사람은 입어도 상관없다.

싫어하는 것도 적극 표현하라

하고 싶은 일이 없다고 하는 학생에게 또 하나 추가로 하는 질문이 있다. "정말 없어?"라는 것이다.

일단 어느 회사에 가고 싶은지, 부모님은 어느 회사를 권유하는지, 하는 것들은 전부 제쳐놓고, 백지인 자신의 마음에 "뭘 하고 싶어?"라고 물어보자.

취직하고 싶은 마음이 아니라면 "아르바이트를 한다면 무슨 일을 하고 싶니?"라고 물을 때도 있다. 극단적이지만, 본인이 진심으로 하고 싶은 일을 유연하게 생각해본다는 마음으로 질문한다.

하고 싶은 일이 있는데 그건 안 된다고 마음대로 선택지를 줄일 수도 있기 때문이다. 그 이유가 주변 시선 때문이라면 정말 안타깝다. 자신의 마음보다 주위 시선을 우선시해서 취직한 회사가 얼마나 잘 맞을지 알 수 없다. 주위 시선이 신경 쓰이는 것은 취직이 결정되고 입사할 때까지, 혹은 입사 반년까지일 뿐이다. 실제로 일하기 시작하고 나면 주변 시선은 어느새 잊고, 즐겁게 일하는 것이 더 중요하다.

부모도 대부분 자식이 행복하면 좋겠다는 마음뿐이지 않은가?(자식이 좋은 회사에 취직했다고 자랑하고 싶은 부모도 있지만, 그런 사람도 분명 자식을 위하는 마음은 같다.) 행복하기 위한 하나의 선택지로 '이런 회사에 가면 좋겠다'고 생각할 뿐 최종적으로 어느 회사에서 일하든 자식이 행복하다면 받아들일 것이다.

학교를 졸업하고 취업을 준비하는 학생뿐 아니라 지금 어딘가에서 일하고 있는 모든 사회인에게도 해당되는 말이다.

'뜻 지(志)'는 원래 '마음(心)이 가는(之) 방향'이라는 뜻이다. 본디 '지(志)'라는 한자에는 감사의 의미도 있다고 한다. 그래서 봉투에 촌지(寸志)라고 적기도 한다.

마음이 가는 방향, 감사하는 방향이 '지(志)'의 원래 뜻이라면, 컴퍼스의 바늘처럼 자신의 마음이 가는 방향으로 나아가는 것, 감사하고 싶은(보은하고 싶은) 방향으로 나아가는 것에 뜻이 있다는 이야기다.

그 방향에 자기만의 강점이나 특기가 더해진다면 더할 나위 없을 것이다.

나만의
슬로건을 만들자

자신의 주관을 소중히 여기기 위해서는 자기만의 규칙을 정해두는 방법을 추천한다.

약속은 크게 타인과의 약속과 자신과의 약속으로 나눌 수 있다.

타인과의 약속은 아무리 작은 것이라도 그것을 완수하면 신용이 쌓이고, 지키지 못하면 신용을 잃고 상대를 화나게 할 수 있다. 그래서 가급적 약속을 지키려 하고, 약속은 당연히 지켜야 한다는 인식이 깔려 있다.

한편 자신과의 약속은 그것을 지키든 어기든 누구에게 칭찬받지도 않고, 누군가를 화나게 하지도 않는다. 그래서 자신과의 약속을 지키기란 매우 어려운 일이다.

가끔 '저 사람은 매우 바쁠 텐데 어떻게 저렇게 독서도 하고, 영화도 보고, 정기적으로 여행도 가고, 심지어 헬스장에 운동까지 하러 갈 수 있을까?'라는 생각이 드는 사람이 있다. 실제로 가까운 지인 중에도 그런 사람이 있다. 그에게 "어떻게 그럴 수 있어요?"라고 물어봤더니 이렇게 대답했다.

"그렇게 하기로 정했으니까요."

밥을 많이 먹으면 배부르다는 것처럼 너무나 당연해서 재미없는 대답이었지만, 그렇게 하기로 정했기 때문에 할 수 있다는 말이었다.

주위 사람들이 뭐라고 하든, 남들이 알아주지 않아도 스스로 결정한 일을 한다는 것은 말로는 간단하지만 주관을 소중히 여기기 위해 중요한 훈련이다.

내가 하기로 정한 일을 말하자면, 버스나 택시에서 내릴 때 안전하게 목적지까지 데려다준 것에 감사하는 마음을 담아 "감사합니다"라고 운전기사에게 말하기, 아무리 밤늦게까지 술을 마셔도 다음 날 아침은 아이와 같은 시간에 일어나기, 매일 몸무게를 재고 달력에 기록하기다. 아무 생각 없이 지내다 보면 제대로 되지 않는 일상생활의 습관을 생각해보고 규칙을 만들어서 실행한다.

그리고 아무에게도 발표하지 않은 나만의 슬로건도 있다.

"유~모어."

('양보하다'는 뜻의 유즈루, '용서하다'는 뜻의 유루스, '여유'라는 뜻의 유토리, 3가지 '유'를 더한다(more)는 뜻이다.)

다른 사람에게 무언가를 양보하고, 다른 사람을 용서하고, 시간적인 여유를 두려고 하다 보면 어느 정도 사람 됨됨이가 유지되기 때문에 날마다 유의하고 있다. '없기 때문에 있을 수 있도록' 신경 쓰는 것이다.

나는 심지(心志)가 굳은 성격도 아니고, 오히려 '어떻게든 되겠지'라고 생각하는 편이다. 그래서 다른 사람에게는 간단한 일이라도 내가 맡아 열심히 하면서 자기긍정감을 높이고 있는지도 모르겠다. 이런 습관을 쌓아가면서 나 자신을 정성스럽게 가꾸는 기분이 든다.

최상의 컨디션을 위한 나만의 규칙

이러한 규칙은 일하지 않는 시간에도 의식적으로 중요하게 여기고 있다. 2019년에 럭비 일본 대표 야마나카 료헤이 선수와 둘이서 일본 전국의 아이들에게 럭비공을 선물하는 '오프 더 필드(OFF THE FIELD)'라는 프로젝트를 시작했다.

이것은 럭비 선수인 그가 그라운드 밖에서의 활동, 말 그대

자기주관으로 나의 언어를 만들어라

로 오프 더 필드에서 한 명이라도 더 많은 아이들에게 럭비를 접할 기회를 주고 싶다는 마음에서 시작했다. 코로나 시기를 제외하고 지금까지 2천 개 이상의 럭비공을 많은 유치원과 초등학교에 보냈다(자금은 자선 상품의 판매로 마련했다). 이 프로젝트를 시작하고 난 뒤 야마나카 료헤이 선수는 운동선수로서 심경의 변화를 말해주었다.

"이런 경기 이외의 활동을 현역 선수가 하면 그런 일을 할 시간에 연습이나 하라는 소리를 듣지 않을까 했는데, 막상 해보니 이런 활동을 하기 위해 일본을 대표하는 현역 선수로 계속 활약하고 싶다는 의욕이 더욱 생기네요."

일반적으로는 '온(on)'이 있기 때문에 '오프(off)'가 있다는 인식이 널리 퍼져 있을 것이다. 하지만 새 스마트폰도 충전해야 작동할 수 있듯이 먼저 오프가 있기 때문에 온이 있다.

일하지 않는 시간에는 의식하지 않으면 자신을 속이고 소홀히 하기 쉽다. 그래서 자신이 할 일을 확실히 정해놓아야 한다. 'ㅇ시 이후에는 컴퓨터를 켜지 않는다', '주말에는 반드시 ㅇㅇ을 해서 재충전의 시간을 갖는다'라는 식으로 강제로 시간을 만드는 것이 바람직하다. 모든 것은 말이나 아이디어를 만들어내는 소중한 '나'를 잘 관리해서 좋은 상태로 머물게 하기 위함이다.

문득 떠오른 것을 쓰는 습관

자신과 마주하기 위해서는 혼자만의 시간이 중요하다.

포켓몬을 좋아하는 아들과 함께 ≪포켓몬 대도감≫이라는 책을 보고 있을 때의 일이다. 온종일 화가 난다는 '성원숭(성내는 원숭이)'이라는 포켓몬 캐릭터가 나왔는데, 설명에 이렇게 쓰여 있었다.

"주위에 아무도 없을 때는 화내는 것을 멈춘다."

SNS에서는 누군가를 비판하는 모습이 자주 발견되고, 텔레비전에는 반대 시위를 하는 모습이 종종 등장하는데, 그곳에 있는 사람들은 모두 기본적으로 화를 내고 있다. 봐주거나 들어주는 상대가 있기에 화를 낼 수 있는 것이다. 성원숭처럼 주위에 아무도 없고, 혼자만 있을 때는 화내는 것이 아무 의미가 없다.

누군가를 열심히 공격하는 사람들도 혼자 조용히 눈을 감고, 자신의 솔직한 심정을 되짚어볼 시간을 가지는 것이 좋다. 자신이 비난하는 상대가 정말 죽기를 바라는지, 비난하는 행사나 시책을 정말 중단시키고 싶은지 말이다.

혼자일 때의 자신이 진정한 자신이다. 앞서 말했듯이 나는 서핑을 즐기는데, 바다 위에 혼자 떠올라 파도를 기다릴 때, 문득 '지구는 정말 크고 이 바다 너머에는 터무니없이 넓은 바다가 펼쳐져 있어. 그곳에서 작디작은 단 하나의 점으로 나는 이렇게 떠 있고. 나는 정말 작은 존재로구나'라고 묘한 감성에 젖는다.

주위 사람들은 모두 바다의 파도를 바라볼 뿐 당연히 아무도 나를 보지 않는다. 그렇게 다른 누군가를 의식하지 않는, 아무도 나를 보지 않을 때 어떤 행동을 하는 내 모습이 진정한 나로 느껴진다. 내 방에서 혼자 뒹굴뒹굴하고 있을 때, 바다라는 대자연 속에서 혼자 우두커니 있을 때 그런 생각을 하게 되는 것은 어째서일까?

간단한 메모가 모여 글이 된다

혼자만의 시간을 통해 자신의 주관을 풍부하게 하는 습관으로 메모가 있다. 스마트폰의 메모 앱에 '생각한 것'이라는 폴더를 만들고, 말 그대로 문득 생각나는 것을 빠르게 메모한다. 대개 간단하게 한두 줄 적는다. 하루에 대략 4~5개 정도 메모한다.

예를 들어 최근 3개월 정도의 '생각한 것' 폴더에는 이런 메모가 담겨 있다. 남에게 보여줄 수 있는 것만 골라보았다.

중국 음식은 전 세계 어디를 가도 맛에 일관성이 있다.

뮤지컬은 눈앞의 현실인데 비현실적인 힘이 느껴진다.

자유란 '아니'라고 말할 수 있는 것 아닌가?

진짜라고 생각하는 사람은 가까운 사람에게 존경받고 먼 사람에게 미움받지만, 가짜라고 생각하는 사람은 먼 사람에게 존경받고 가까운 사람에게 미움받는다.

멋있는 사람은 '멋있다는 것은 무엇인가?'라고 생각하지 않는다.

이미 결정된 것에 말의 앞뒤를 맞추는 논의가 많은 것 같다.

서점에서 여행 잡지를 찾는 사람이 늘었다.

스타벅스에서 소이 밀크보다 귀리 밀크나 아몬드 밀크를 주문하는 여성이 늘었다.

엄마에게 외식하러 가는 기쁨은 식단을 생각하지 않아도 되는 기쁨인지도 모른다.

'그래서 말하자면……'이라는 말과 '글쎄요'는 같은 의미다.

복근 롤러를 시작한 지 한 달, 손목시계가 헐거워진 이유가 뭘까?

뭐든지 ○○감이라고 '감'을 붙이기만 해도 단어가 가벼워진다.

다들 여기가 아닌 어딘가를 보고 있다.

Z세대는 책임과 오답을 두려워한다.

결정하는 방법을 결정하기가 가장 어렵다.

하지 않기 위해서 해야 할 일이 많다.

비싼 것이 좋은 것은 아니지만 좋은 것은 비싸다.

이런 느낌으로 생활 속에서 문득 떠오르는 아무것도 아닌 것, 무언가를 보고 생각한 것이나 의문, 아무 근거도 없는 가설 등을 자유롭게 메모한다.

이 메모를 가끔 보면서 '아, 이때 이런 생각을 했었나?'라고 돌이켜보기도 하고, 어떤 기획을 생각할 때 실마리로 활용하기도 한다. 이 습관의 좋은 점은 별똥별처럼 한순간에 사라지는 문득 떠오르는 생각을 순식간에 카메라로 찍어 저장한다는 것이다. 자신을 객관적으로 관찰하는 데에도 도움이 된다.

평소의 메모 습관을 덧붙이자면, 서랍 속에 일별로 기록할 수 있는 다이어리를 넣어두고, 하루를 마무리하며 그날 있었던 일을 만년필로 적는다. 예를 들어 '○○씨와 미팅', '○○에서 저녁 식사'라는 식으로 객관적인 사실만 적는다. 써놓지 않으면 잊어버리는 것일수록 나중에 다시 봤을 때 '이런 일이 있었구나' 하고 기쁜 마음이 든다.

가끔은 그때의 고민거리를 쓰기도 한다. 나중에 다시 읽어봤을 때, '이건 결국 어떻게든 되었구나'라고 생각하는 경우가 많아서 흥미롭다. 당시에는 머리를 싸매고 고민했던 일도 나중에 돌아보면 별일 아니었다고 과거의 내 메모에서 용기를 얻을수 있어서 좋다. 마치 미래의 자신을 향해 괜찮다고 말하는 편지처럼 기록한다.

나를 의식하지 않고 살다 보면, 아무래도 타인의 생각만 자기 눈과 귀에 넣게 된다. 그렇기에 자신의 생각과 마주하는 혼자만의 시간을 의식적으로 갖는 것이 중요하다.

유서 또는 묘비명을 쓰면
어떻게 살고 싶은지가 보인다

진정한 자기 마음을 알기 위한 방법으로 재미 삼아 해볼 수 있는 것이 유서 쓰기다. 혼자만의 시간에 아무도 읽지 않는 나만의 유서를 써보는 것이다.

지금까지 인생을 되돌아보고, 어떤 일을 후회하는지, 어떻게 했더라면 좋았겠는지, 어떤 시간이 행복했는지, 누구에게 정말 감사하는지, 세상과 작별하는 글을 그럴듯하게 써보자. 내일 죽는다는 가정하에서 말이다.

나도 실제로 써봤는데, 부끄럽게도 쓰는 내내 눈물이 멈추지 않았다. 유서를 다 쓰고 나서 '하지만 내일도 살아 있겠지'라고 생각하니 '후회하는 일을 다시 할 수 있고, 소중한 것을 소중히 할 수 있어'라는 기분이 들었다.

아무도 읽지 않는 나만의 유서를 써보는 작업은 '어떻게 죽고 싶은가?'를 생각함으로써 '나는 어떻게 살고 싶은가?'를 생각하는 계기가 된다. 인생을 뒤로 물러서서 바라보면 지금 하는 일의 목표가 되는 인생의 결승점에 어떤 의미가 있는지 찾아낼 수도 있다.

아내의 할머니 장례식에 갔을 때의 일이다. 그분은 한 번밖에 만난 적이 없지만, 아내가 어릴 때부터 존경하는 멋진 삶을 살았던 여성이었다. 실제로 장례식에 참석한 사람들이 모두 이구동성으로 "정말 신세 많이 졌습니다"라고 감사의 말을 전하던 모습이 인상적이었다.

장례식에서 돌아오는 길에 생각한 것은 '1의 축하보다 100의 감사 인사를 받는 삶이 더 낫다'는 것이었다. 축하를 받아서 기쁜 것은 자신뿐이다.

하지만 감사는 말하는 사람이나 듣는 사람 모두 기쁘다. 남에게 도움이 되고, 누군가의 마음을 따뜻하게 하는 존재가 되어, 자신의 장례식에 와준 사람들이 모두 고맙다고 인사하는 삶을 살아야겠다는 생각이 새삼 들었다.

사람은 언제 죽을지 모르기 때문에 만날 수 있을 때 만나고, 좋아하는 일을 하며, 세상을 떠났을 때 다른 사람에게 고맙다는 말을 듣는 삶을 살아야 하지 않을까?

세계적으로 유명한 일본의 패션 브랜드 꼼데가르송의 'Live

Free Die Strong'(자유롭게 살고 강하게 죽는다)이라는 메시지를 좋아한다.

'어떻게 죽고 싶은가?'

유서를 쓰면서 진정한 내 마음을 만날 수 있을 것이다.

자기주관을 가지고 소통할 때는

어떤 마음가짐과

자세를 가져야 하는가?

제4장

자기주관으로
소통하는 법

나에게 와 닿는
글 수집하기

다른 사람에게 말을 전달하는 방법에 관한 책은 많지만, 자신에게 전달하는 방법은 거의 없다. 나 자신에게 와 닿는 것이 무엇인지 스스로 알고 있는가?(또는 알려고 하는가?)

'어떻게 하면 다른 사람에게 잘 전달될까?'라고 생각하면 답을 얻기까지 시간이 걸리겠지만, 그보다 '나에게 와 닿는 것은 무엇일까?'라고 생각해보자. 답은 내 가슴속에 있다.

나에게 와 닿는 것이 무엇인지 알고, 그것을 계속 파고들다 보면 다른 사람이 공감하는 말의 힌트가 보일 것이다.

누구나 보는 눈을 가지고 있다. 좋은 말인지 아닌지 누구든 판단할 수 있다는 말이다. 요리에 비유하면 알기 쉽다. 맛있다

자기주관으로 나의 언어를 만들어라

거나 맛없다는 말은 누구나 할 수 있다. 그런데 "그럼 주방에 와서 자기가 맛있다고 생각하는 음식을 만들어보세요"라고 하면 어떨까? '만들다(쓰다)'와 '먹다(읽다)'는 전혀 다르다.

말도 비슷하다. 먹는(읽는) 사람은 좋고 나쁨을 비교적 쉽게 판단할 수 있다. 그렇지만 만드는(쓰는) 사람이 되면 맛없는 것을 만들 수 있다.

그렇다면 어떻게 잘 만드는(쓰는) 사람으로 자신을 단련할 것인가? 그것이 먹는(읽는) 사람으로서 자신을 단련하는 일이다.

전철을 타고 있을 때, 스마트폰에서 눈을 떼고 조금만 각도를 위로 올려보자. 많은 말들이 눈에 들어온다. 요즘은 '제모하자', '머리카락을 풍성하게 하자'라는 광고가 많이 보이는데, 이처럼 광고에는 많은 말들이 있다.

한 사람의 소비자로서 그것을 보면 어떤 생각이 드는가? 그것을 느끼고 생각하는 것을 반복하다 보면 점점 '아, 나는 이런 말을 보면 가슴이 뛰는구나', '이런 말에 기분이 상하는구나'라는 것을 알게 된다. 그로부터 자신에게 와 닿는 말의 법칙을 찾아간다.

눈길을 사로잡는 한 줄

예를 들어 내 눈에 확 들어온 것은 "너를 백 퍼센트 공감할 수 없어서 좋아해"라는 포스터의 문구였다(어스 뮤직 & 에콜로지의 광고). 100%가 아니라 백 퍼센트라고 쓰니 데이터가 아닌 문학적인 느낌이 조금 나는 것 같다. 그리고 보통은 "공감할 수 없어서 싫어"라고 하는데, 좋다는 표현이 뻔하지 않아서 효과적으로 자극했다.

다른 사람의 글을 보면 시야가 넓어져서 자신이 쓴 글을 볼 때도 건전한 시선으로 부족한 점을 찾을 수 있다. 또한 그때 생각한 것들을 자신의 글에 응용할 수도 있다.

자신이 먹는 것이 자기 몸을 만드는 것처럼 무엇을 듣고 무엇을 읽었는지에 따라 그 사람이 쓰는 말이나 글도 달라진다. 물론 광고 문구일 필요는 없다. 예를 들어 래드윔프스(Radwimps)의 '전전전세(前前前世)'라는 노래는 강렬하게 와 닿는다. 'Z'의 탁음이 강하게 들리고, '전전전세(전생의 그 전의 전)'가 후렴으로 반복된다. ≪미움받을 용기≫라는 책 제목도 정말 훌륭하다. 사람들은 모두 사랑받고 싶어 하는데, 미움받고 싶다는 것이 도대체 무슨 뜻인지 궁금증이 생긴다.

노래 가사든, 잡지든, 친구가 무심코 던진 한마디든, SNS에서 흘러나오는 메시지든 무엇이든 좋다. 우리의 삶은 상상 이상으로 말로 넘쳐난다. 그것을 조금이라도 의식하면서 '아, 이거 좋네', '에이, 별로야'라고 생각하면서 원리 원칙을 파악해가자. 그것이 먹는 쪽에서 만드는 쪽에 가까워지는, 우회하지만 지름길이다.

물론 내가 좋다고 해서 모두가 좋아하는 것은 아니다.

"너는 너고 나는 나 / 그런 당연한 일을 / 왜 이렇게도 간단히 / 우리는 / 잃어버리는 걸까?"

미스터 칠드런의 '손바닥(掌)'은 이런 내용을 노래한다. 하지만 지금까지 여러 번 반복했듯이 애초에 모두가 좋다고 말하는 정답은 없다.

예를 들어 기업의 이념이나 슬로건을 결정할 때, 여러 사람의 목소리를 모으려고 하면 점점 미궁에 빠진다. 취향으로 판단하면 사람마다 관점이 다르기 때문이다. 그렇기 때문에 취향이 아니라 '왜 그 말을 만드는가?' '그 말에 어떤 역할을 맡기면 좋을까?'를 생각하는 것이 중요하다.

그리고 그것은 경영자(책임자)나 수많은 성공과 실패를 경험해온 전문 카피라이터가 판단해야 하며, "개인적인 의견이지만 이것이 좋습니다"라고 말할 수밖에 없다. 모두가 납득하는 무난한 말은 있어도 그만, 없어도 그만이다.

조직의 말은 모두가 좋아하게 만들어야 하는 것이다. 그러므로 조직에 있는 사람들 모두 '이 말이 좋다'라고 믿는 것이 중요하다.

"👧"
'어떻게'보다
'무엇을'이 더 중요하다

카피라이터는 어떻게 말할지보다 무엇을 말할지 생각하라고 배운다. 무언가를 아름답게 묘사하는 표현이나 수사법을 사용하기 전에 우선 전달하고 싶은 핵심(관점이나 콘셉트라고 할 수 있다)을 생각하는 것이 중요하며, 수사법은 그다음 문제다.

하지만 '무엇을 전달할 것인가?'를 카피라이터가 생각하는 것 자체가 개인적으로는 난센스라는 생각이 든다(누군가에게 의뢰받아서 쓰기 때문이다).

원래 그 캐치프레이즈를 의뢰하는 측이 준비해야 한다. 압도적으로 훌륭한 기업 자세나 실적, 명백히 획기적인 상품이나 서비스는 자연스럽게 좋은 카피가 생겨날 것이다.

　　　　　　　　　　　　자기주관으로 나의 언어를 만들어라

예를 들어 "일본 차를 유행시키기 위한 카피를 생각해주세요"라고 카테고리나 업계 자체의 판매 문구를 의뢰받으면, 온갖 멋진 표현을 생각하게 된다.

반대로 차 농가들이 어떤 배경과 생각으로, 이렇게 편리하고 맛있는 일본 차를 개발했다는 스토리나 사실이 있으면, 그것을 그대로 표현하기만 해도 많은 사람들이 꼭 마셔보고 싶은 생각이 드는 카피가 나온다.

그래서 카피라이터가 상품 개발의 단계부터 참여하거나, 독특한 대처를 하는 기업 또는 뜻이 있는 경영자와 만나는 것이 좋은 카피를 세상에 내놓는 데 중요하다. 내용물이 없는데도 말의 기술만으로 인기를 끌려고 하는 것은 사회나 기업은 물론 자신에게도 좋지 않다.

그 사람이 말하면 무조건 믿게 된다

지금까지 '어떻게 전달하는가?'라는 기술보다 '무엇을 전달하는가?'라는 사실이 중요하다고 말했다. 하지만 더 중요한 것이 있다.

바로 '누가 말하는가?'이다.

말에는 발신하는 화자가 있다. 그 말을 하는 사람은 누구인가? 그 사람, 혹은 그 기업(법인)이 어떤 사람인지에 따라 메시지의 질이 좌우된다.

"너 바보야?"

이 말을 평상시 싫어하는 상사에게 듣는 것과 진심으로 존경하는 선생님에게 듣는 것은 다르다. 같은 말이라도 화자에 따라 받아들이는 메시지가 완전히 달라진다.

믿음이 안 가는 사람이 누군가를 지적하면 "네가 그걸 말할 처지야?"라고 핀잔을 받는다. 그러니 표현력을 기르기 전에 '이 사람이 하는(쓰는) 말이니까 틀림없어'라는 신뢰를 주려고 노력하는 편이 낫다. 그래야 훨씬 많은 사람들이 당신의 글을 좋아할 수 있다. 지나치게 직설적으로 쓰면 언어화하는 능력을 단련하기 전에 인격을 갈고닦으라는 말을 들을지도 모른다.

사실은 별로 맛없는 요리인데 돈을 받고 억지로 말을 지어서 미사여구를 늘어놓으면, 당장은 좋아할 수도 있지만 긴 안목으로 봤을 때 신용을 잃는다.

당연하다면 당연한 말인데도 의외로 그것을 의식하는 사람들이 많지 않다.

여러 번 반복하지만, '내일부터 바로 사용할 수 있는 마음에 꽂히는 캐치프레이즈의 24가지 패턴' 같은 것은 이 세상에 존재하지 않는다. 할 수 있는 일은 전력을 다해 생각하는 것뿐이다.

"어떻게 하면 이 복잡한 내용을 간단히 전달할 수 있을까?", "이 말을 쓴 이유가 뭐였지?", "이 메시지를 게시하면 어떤 긍정적인 반응과 부정적인 반응이 있을까? 그에 대해 뭐라고 대답할까?"와 같은 물음을 스스로 끈기 있게 계속하자. "이거라면 잘 전달될 수도 있다"라는 조금 소심한 자세로 쓴 말이 공감을 산다.

앞서 말했듯이 "이제부터 좋은 카피를 써볼까!"라고 책상 앞에 앉아서 스위치를 켜는 것이 아니라 오프 상태인 평상시부터 자신을 단련하는 것이 중요하다.

평소 다른 사람의 이야기를 제대로 듣지 않거나, 자주 거짓말을 하거나, 전철에서 노인이나 임산부에게 자리를 양보하지 않는 사람이 다른 사람의 마음을 움직이는 말을 만들어낼 수 없다.

그런 말을 쓰기 위해서는 남의 말을 겸허하게 받아들여야 하고, '이 사람이 하는 말이라면 믿을 만하다'라고 생각하게 해야 한다. 다른 사람을 배려하지 않으면 다른 사람의 호감을 살 수 없다.

무엇보다 올바르지 않은 사람이 쓴 말을 믿고 받아들일 수 있는지 자기 자신부터 가슴에 손을 얹고 생각해보자.

내 마음을 움직이는 글이
내가 하고 싶은 말이다

서점에 가면 '어떻게 하면 잘 전달될까?'라는 주제의 책을 많이 볼 수 있는데, 정말 중요한 것은 여기에서도 '자신은 어떤가?'이다.

다음의 질문에 대한 답을 생각해보자.

최근 기억나는 말은 무엇인가?

책, SNS, 전철이나 거리에서 본 광고 등 어딘가에서 읽은 것이든, 누군가에게 직접 들은 이야기든, 혹은 자신이 쓴 글이나 했던 말이라도 상관없다. 바로 떠올랐는가? 의외로 금방 답이

나왔는가?

하루에 글자를 전혀 읽지 않거나 한마디도 하지 않고 듣지 않는 사람은 없을 것이다(현대에는 오히려 그러한 하루를 보내는 방법이 귀중해졌다). 다만 그중에 금방 떠오르는 인상적인 말이 적은 것이 아닐까? 매일 수많은 정보를 아침부터 밤까지 받아들이는 환경에서 사람들의 머릿속이나 마음에 각인되기는 매우 어려운 일이다.

"지금까지 살면서 잊을 수 없는 말은 무엇인가?"라고 묻는다면 몇 개의 대답이 나올 것이다. 어딘가에서 나온 대사나 스치듯 들은 말이 떠오르기도 할 것이다. 가족이나 친구에게 들은 말일 수도 있고, 좋아하는 배우가 SNS에 올린 문장일 수도 있으며, 우연히 흘러나온 라디오의 목소리였을지도 모른다.

그렇다면 다시 한 번 자신이 잊지 않고 있었던 말을 머릿속에 떠올리고 다음 질문을 해보자.

어째서 그 말이 마음에 남아 있다고 생각하는가?

어떤 마음으로
쓸 것인가?

내 마음에 계속 살아 있는 잊을 수 없는 말 중에 특히 인상적인 것을 소개한다.

미나 페르호넨(Minä Perhonen)이라는 브랜드의 창업자 미나가와 아키라(皆川明)의 말이다.

나는 27세에 지인의 소개로 그를 우연히 만날 기회가 있었다. 그가 오너를 맡고 있는 시내의 레스토랑에 식사 초대를 받아서 맛있는 요리를 대접받았다. 무엇보다 많은 말을 주고받았는데, 지금 되돌아봐도 참으로 귀중한 시간이었다. 작별 인사를 나누고 그날 밤 늦게 나는 그에게 감사의 메일을 보냈다. 그러자 잠시 후 답장이 왔다. 몇 개의 단락으로 나뉘어 있던 메일 화면의 한가운데는 이렇게 적혀 있었다.

"고로 씨에게는 스물일곱 살일 때의 나보다 더 큰 힘이 느껴집니다. 분명 자신의 길을 만드는 사람이라고 느꼈어요. 사람들에게 사랑받을 만한 인품이고요. 고로 씨가 아무리 성공한 사람이 되어도 어제처럼 평범한 친구로 잘 부탁드립니다."

당시의 나는 지금에 비해 아무것도 이룬 것이 없는데도, 더 인정받고 싶었고, 주변 사람들에게 지고 싶지 않다는 자의식만 높은 건방진 젊은이였다. 그렇게 필사적이었던 나를 그는 자신과 같은 한 사람으로 대해주었고, 나의 이야기를 진지하게 들어주었다. 그래서 나는 희망과 자신감을 얻었다. 실제로 그 후에 여러 가지 괴로운 일이 있었을 때, 그 메일을 다시 읽어보면서 분발할 수 있었다.

동시에 미나가와 씨처럼 어떤 젊은이에게도 거만한 태도를 보이지 않고 존댓말을 쓰면서 "지금 그 상태로 괜찮아"라고 격려해줄 수 있는 그릇이 큰 어른이 되고자 했다. 실제로 구직 활동 중인 대학 후배를 처음 만났을 때는 선배처럼 굴지 않고, 항상 존댓말을 쓰려고 했다. 나의 사회 경험을 마치 가르치는 느낌으로 말하지 않고, 상대의 이야기를 최대한 많이 듣고, 헤어진 후에는 미나가와 씨처럼 "당신의 이런 점이 좋았습니다. 분명 미래는 괜찮을 거예요"라는 응원 메일을 보냈다. 내가 받은 것처럼 나보다 젊은 사람이 한 명이라도 더 용기를 낼 수 있는 말을 해주고 싶은 마음이었다.

나는 운 좋게도 살면서 좋은 선생님을 많이 만났다. 수많은 은사님의 말씀이 내 가슴속에 아직도 살아 있다.

"요즘 세상에는 조금만 더 노력하면 한 사람의 행복 정도는 꽤 쉽게 이룰 수 있어. 그때부터 어떻게 다른 사람과 사회를 위해 애쓸 것인지 생각해야 해. 그 충족감이 진정한 행복이거든."

이것은 초등학교 6학년 담임이었던 도쿠도메 선생님의 편지에 적혀 있던 말이다. 선생님은 나에게 글 쓰는 재미를 알려주신 분이다.

초등학교 졸업 후 중학교에 진학하고 나서도 여름방학이나 설날에는 반드시 선생님께 엽서를 보내 근황을 보고했다.

누군가의 마음에 와 닿는 글의 주인공

고등학생 때였을까? 평소처럼 내가 보낸 엽서의 답장에 적혀 있던 것이 위의 문장이다. 나는 인생의 갈림길에 설 때마다 이 문장을 떠올리곤 한다.

도쿠도메 선생님은 글쓰기 수업에서 학생이 쓴 글 중 눈에

자기주관으로 나의 언어를 만들어라

띄는 것을 모두 워드프로세서로 정리해서 학급 신문으로 일주일에 몇 번씩 모두에게 배포했다. 여담이지만 어쨌든 달필이었으며 서예가 같은 선생님이었다.

내가 쓴 작문을 일대일로 첨삭해주었을 뿐 아니라 같은 반 친구와 부모님에게 내가 쓴 글에 대한 감상과 반응을 들을 수 있었다. 반 학생 전원의 작문을 모두 읽고, 원고를 문서로 입력해서 편집, 인쇄하는 일이 꽤 번거로운 작업이었을 텐데도 정말로 학생 한 사람 한 사람을 진지하게 대해준 것에 지금도 머리가 숙여진다. 선생님이 편집하고 발행한 학급 신문이, 내가 글쓰기의 기쁨을 맛본 첫 경험이었다.

마지막으로 소개하는 글은 고등학교 시절 독일어를 가르쳤던 아이하라 선생님께 받은 편지의 구절이다. 정년이 임박한 선생님의 외모는 영락없는 할아버지였다.

학생과 소통하면서도 학생들이 두려워할 만큼 엄격한 선생님이었다. 요즘에는 좀처럼 볼 수 없는 선생님의 모습으로 엄격함 속에 사랑이 있었다. 당시는 까다롭다고 생각했지만 나중에 감사한 마음이 드는 선생님이었다.

고등학교를 졸업할 때 담임은 아니었지만 독일어 수업에서 특히 도움을 주신 아이하라 선생님께 감사하는 마음을 전하는 편지와 미술 시간에 선생님의 이름을 넣어 만든 수제 그릇을 선물했다. 그러자 대학 입학 전 봄방학 때 선생님의 편지가 집에 도착했다. 거기에는 절대 저렴하지 않은 금액의 도서 카드

와 편지 두 장이 들어 있었다.

"손수 만든 도자기와 편지! 정말로 고마워. 두 물건은 나의 보물로 소중히 간직할게. 편지를 읽고, 이미 잃어버렸다고 생각했던 마음이 아직 명맥을 유지한다는 것을 알고서 매우 기뻤어. 정말로 감동받았지. 사람은 감동할 수 있는 동안은 살아 있는 거라고 해. 내가 살아 있음을 느꼈어. 집사람도 읽어보고는 금세 얼굴이 붉어지더니 눈물을 글썽거렸어. 글로 모르는 사람을 울리다니 글쓴이의 대단한 글솜씨와 인품 때문이겠지. 이렇게 훌륭하게 키워주신 부모님은 어떤 분일지 저녁 시간에 아내와 둘이 함께 상상했단다. 어쨌든 부모님께 큰 경의를 표하고 싶구나. 축복의 마음과 동봉한 예의 표시를 부디 받아주길 바란다."

사실 나는 고등학교 1학년 때 유급해서 부모님 속을 썩였다. 경제적으로나 사회적으로도 죄송한 마음에 열등감이 심했고, 그런 내가 4년에 걸쳐 겨우 고등학교를 졸업했을 때 아이하라 선생님의 이 편지를 읽으면서 조금 보답을 받은 느낌이었다. 나는 사회의 낙오자일지도 모른다고 생각했는데도 글재주가 있다고 말씀해주시고, 선생님처럼 존경하는 어른이 "이렇게 훌륭하게 키워주신 부모님은 어떤 분일지"라고 언급했기 때문이다. 선생님의 말씀은 내가 글쓰기를 업으로 삼으려고 한 큰 계

자기주관으로 나의 언어를 만들어라

기 중 하나였다.

유급으로 두 번째 고등학교 1학년을 다닐 때 전국 고교생 소논문 콩쿠르라는 공모상에서 가작을 받은 적이 있다. 당시 국어 선생님이 문장이 좋다고 조언해준 덕분에 운 좋게 수상할 수 있었다. 이 경험도 글쓰기에 대한 자신감으로 이어졌다. 모두 선생님들 덕분이다.

뭔가 권위 있는 기관에서 준 상도 아니고, 요즘처럼 웹상에서 화제를 끈 것도 아니지만, 단 한 명에게 칭찬받은 경험이, 혼자였던 내 인생에 이정표가 되었다.

그렇기 때문에 나도 누군가에게 그런 존재가 되고 싶어서 가능한 평소 만나는 사람에게 "이런 점이 훌륭하다"라고 전하려고 한다.

자신을 칭찬해준 사람을 깎아내리는 사람은 없을 것이다. 누군가에게 싫은 소리를 들었기 때문에, 또 다른 누군가에게 싫은 소리를 하는 식으로 부정적인 말은 연쇄 작용을 일으킨다.

물론 뭐든지 칭찬한다고 좋은 것은 아니다. 가장 중요한 것은 그 사람의 언행을 제대로 보고 이야기를 들은 후에 좋은 점을 전달하는 것이다. 봐주지 않고 들어주지 않는 사람이 아무리 칭찬한들(반대로 욕한들) 벽에 대고 하는 소리와 같다. 그런 의미에서도 역시 '어떤 말을 쓸 것인가(할 것인가)?' 이전에 자세가 중요하다.

여담이지만 코로나 시기에는 사람들의 뒷모습을 볼 기회가 줄어들었다. 온라인 미팅에서 화면 너머로 만나는 사람은 언제나 정면만 보였다. 다른 사람의 뒷모습에서 배우거나 느끼는 것도 매우 많을 것이다.

조직에서 본인에 대해 이야기하거나 어필하는 것이 서툰 사람들이 있다. 그런 사람들을 제대로 보지 못하게 된 것은 코로나로 인한 큰 손실 중 하나다.

마케팅 책에서는 소비자의 속마음을 알고 싶다면 설문조사 같은 발언이 아니라 그 사람의 행동을 보라고 한다. 무슨 말을 했는지가 아니라 무엇을 했는지에서 그 사람의 진실성을 엿볼 수 있다. 그리고 그것은 뒷모습, 즉 주위의 시선을 신경 쓰지 않고 행동하는 모습에 있다.

여기까지 나에게 와 닿은 말은 어떤 것이지를 소개했다. 다음에는 계속 잊지 않고 기억에 남는 '마음에 살아 있는 말'에는 어떤 특징이 있는지 알아보자.

자기주관으로 나의 언어를 만들어라

마음에
살아 있는 말

내가 생각하는 '마음에 살아 있는 말'의 특징은 다음 3가지다.

① 거짓 없는 말
② 갖고 싶은 말
③ 예상 밖의 말

① 거짓 없는 말

거짓이 없다는 것은 진심이 있다는 뜻이다. 부끄럽거나 말하기 어려운 말을 용기 내어 꺼냈다거나, 아기가 우는 것처럼 주위 시선을 신경 쓰지 않는 솔직한 말에는 감동이 있다.

거짓이 없다는 것은 사실이라고도 할 수 있다. 기업의 광고 메시지나 정치인의 발언도 마찬가지다. '하겠습니다'보다 '했습니다'라는 말에 더 무게감이 있다. 일단 말로 하는 것보다 평소의 행동과 사실이 더 중요하고, 그것이 뒷받침된 말일수록 더 강력하다.

② 갖고 싶은 말

서점에서 위로 쌓여 있는 책 중에 궁금해서 집어 드는 것은 갖고 싶은 말이 아닐까? 그 주제에 대해 흥미가 있을 수도 있고, 자기 생각과 통하는 내용이 쓰여 있을 것 같기도 하다. 몸에 수분이 줄어들면 자연스럽게 목이 마르는 것처럼 자신을 채워주는 것이다. 어떤 의미에서는 격려받고 싶은 말이라고 할 수 있다.

③ 예상 밖의 말

이것은 '② 갖고 싶은 말'과 상반된다. 스티브 잡스가 "사람은 눈앞에 형태로 보여주기 전까지는 자기가 무엇을 바라는지 모르는 존재다"라고 말했다. 자동차를 개발한 헨리 포드는 "고객에게 그들이 원하는 것을 물었다면 더 빠른 말을 갖고 싶다고 대답했을 것이다"라고 말했다. 이처럼 인간은 스스로 무엇을 원하는지 자각하지 못하기도 한다. 그렇기에 정곡을 찌르는 말을 만났을 때 마음이 움직인다. 무서웠던 코치와 헤어질

자기주관으로 나의 언어를 만들어라

때 유난히 다정하고 애정 어린 말이 나오는 것처럼 말이다. 만화나 영화를 볼 때도 "당신이 여기에서 그런 말을 하다니"라는 말이 나오는 상황에서는 독자나 시청자의 심금을 울리는 대사가 등장한다.

이런 포인트를 파악하고 있으면 와 닿는 말을 발견할 가능성이 크다. 반대로 내가 사람들에게 전달하고 싶을 때 유의해야 할 포인트이기도 하다.

여러분에게 와 닿는 말이란 무엇인가? '어떻게 하면 다른 사람에게 와 닿는 말을 쓸 수 있을까?'라고 생각하기 전에 먼저 자신은 어떤 말을 듣고 와 닿았는지를 찾는 것이 중요하다.

럭비에서 패스를 잘하는 사람은 캐치를 잘하는 사람이라고 한다. 패스할 때 매우 중요한 점은 다루기 어려운 타원 모양의 큰 공을 좋은 형태로 쥐는 것이다. 여기에서 말하는 좋은 형태는 공에 힘이 가장 잘 전달되는 양손 포지션이다.

기본적으로 누군가의 패스를 받아서 패스를 하기 때문에 좋은 패스를 하려면 좋은 캐치가 매우 중요하다. 그래서 좋은 캐치가 좋은 패스를 낳는다. 패스 연습을 할 때 오히려 캐치 연습을 할 정도다.

좋은 패스를 하기 전에 좋은 캐치를 의식하듯이 커뮤니케이션도 마찬가지다.

문자 대화를 지배하는 자가
일을 지배한다

남녀노소 누구나 스마트폰을 가지고 있는 시대에 말을 주고 받기보다는 텍스트를 입력해서 대화를 주고받는 경우가 훨씬 더 많다. 현장 일을 하는 사람조차 약속을 잡기 위해 문자를 주고받거나, 면접을 볼 때도 문자를 사용한다.

말하자면 문자를 통한 텍스트 커뮤니케이션이 대부분이다. 모든 일의 기초는 사람과 무언가를 주고받으며 조절하는 것에 있다. 요리로 치면 사전 준비와 같다. 재료를 손질하고 밑간을 하는 단계, 즉 사전 준비가 잘되어 있어야 한다.

문자 대화를 지배하는 자가 일을 지배한다. 과장일 수도 있지만 나는 그렇게 생각한다. 그렇다면 어떻게 해야 문자 대화를 지배할 수 있을까?

바로 문자를 주고받는 왕복 횟수를 줄이는 것이다.

예를 들어 약속을 잡기 위해 연락할 때 "내일은 이노카시라 공원 역에서 8시에 만납시다"라는 메시지를 보냈다고 하자. 받은 쪽에서 보기에는 역의 몇 번 출구인지, 8시는 오전인지 오후인지 모호할 수 있다. 그러면 정확하게 알아보기 위해 "○번 출구에서 20시입니다"라고 한 번 더 메시지를 주고받아야 한다.

메시지를 주고받는 횟수를 줄이려면 가급적 상대의 시선으로 읽어보는 것이 중요하다. 그런 마음가짐으로 정성스럽게 글을 쓰다 보면 결과적으로 주고받는 과정이 줄어들기 마련이다.

자신의 시선 그대로 상대의 말을 건네는 사람을 나는 자기 방향으로 명함을 건네는 사람이라고 부른다. 명함을 줄 때는 당연히 상대방의 방향에 맞춰서 건네야 한다. 그런데 커뮤니케이션할 때 자신을 향한 채로 상대에게 말을 건네는 사람이 있다. 제대로 전달되는 좋은 문장과 커뮤니케이션은 상대방의 방향에 맞춰서 하는 것이다. "이게 무슨 뜻이에요?"라는 질문을 한 번이라도 줄일 수 있도록 신경 쓰면서 정중하게 글을 쓰는 자세가 필요하다.

대화는 스무고개 게임이 아니다

의외라고 생각할지도 모르지만, 커뮤니케이션의 주역은 보내는 사람이 아니라 받는 사람이다. 옛날 사람들은 "쇠귀에 경 읽기"라고 표현했는데, 내가 한 말을 받아주는 사람이 있어야 비로소 의사소통이 성립한다.

내가 하고 싶은 말보다 상대가 듣고 싶은 말을 쓰는 것이 철칙이라고 말한다. 글쓴이의 생각만으로 멋대로 쓰면 읽는 사람의 시선이 쏙 빠져서 명확하게 전달되지 않는다.

주고받는 횟수를 줄이기 위해 상대의 시선으로 글을 쓰는 방법이 있다. 바로 길을 가르쳐주듯이 쓰는 것이다.

예를 들어 자신의 사무실에 처음 오는 손님이 있다고 하자. 가장 가까운 역에서 어떻게 와야 헤매지 않고 사무실에 도착할 수 있을까? 그것을 메일로 미리 전달하는 상황에서는 설명문을 어떻게 써야 할까?

처음으로 그 길을 지나가는 사람의 시선으로 글을 쓰겠는가?

지나치게 구체적으로 많이 써서 복잡해지지 않았는가?

엘리베이터나 안내 데스크에서 호출하는 방법까지 세심하게 썼는가?

몇 가지 조심해야 할 포인트가 있는데, 지금까지는 "○○역 ○번 출구로 나와서 도보로 7분입니다"라고 간결하게 썼다면, 전달하기 위한 훈련이라 생각하고 정중하게 길을 안내하는 글을 써보자.

　약속한 날, 실제로 만났을 때 "쉽게 설명해주서서 덕분에 헤매지 않고 올 수 있었어요. 감사합니다"라는 말을 듣는다면 뿌듯할 것이다.

어쨌든 중요한 것은
'말의 진심'

업무를 위한 소통은 대부분 말로 이루어진다. 그리고 업무에서 흔히 있는 경우가 누군가와 누군가의 사이에 끼는 일이다. 고객과 협력 기업의 사이에 설 수도 있고, 상사와 부하직원 사이에 있을 수도 있다(어떤 직업을 가진 사람이라도 완전히 혼자 일하는 사람은 없다).

그렇게 사이에 낀 사람에게 가장 중요한 것은 자신을 넣는 일이다. 여기서 자신이란 본인이 생각한 것을 말한다. 자신을 넣기만 해도 관련된 주위 사람들과의 커뮤니케이션이 원활해진다. 무엇보다 효과적인 것은 그 일에 대한 주체성의 비율이 증가한다는 점이다. 누군가가 시켜서 하는 일이 아니라 스스로 하는 일이 된다.

처음에는 누군가의 밑에 있는 사람도 점점 일을 맡아서 주도적으로 진행하다 보면, 관계자들의 중심에 서는 경우가 늘어난다.

그럴 때 오른쪽에서 받은 정보를 그대로 왼쪽으로 건네는 방식은 별로 좋지 않다. 오른쪽에서 받은 정보를 보지도 않고 왼쪽으로 건넸다가 왼쪽 사람이 "이게 무슨 뜻입니까?"라고 묻는다면 자신도 그 의미를 몰라 오른쪽 사람에게 다시 확인해야 한다. 기다리게 하는 시간이 길어지거나 그런 과정이 반복되면 결국 '이 사람이 없으면 일 처리가 더 빠르겠는데?'라는 불신이 쌓인다. 물론 본인도 '내가 있을 의미가 있나?'라고 자포자기하는 심정이 된다.

오른쪽 사람에게 받은 정보를 일단 왼쪽 사람의 입장에서 읽고 이해한다(받는 사람의 기분을 떠올리면서). 스스로 자세하게 파악한다. 모르는 것이 있으면 솔직하게 오른쪽 사람에게 묻는다. 다른 사람에게 설명할 수 있을 만큼 제대로 이해하고 왼쪽 사람에게 건네야 한다. 그러면 뭔가 질문을 받았을 때도 바로 설명할 수 있다.

내 생각을 반찬처럼 곁들여라

또 하나 중요한 것은 자신의 생각을 넣는 것이다. 오른쪽에서 받은 정보를 제대로 이해하고 왼쪽으로 보낼 뿐 아니라 자신을 플러스알파로 넣는다.

오른쪽 사람에게 받은 정보에 대해 자신이 어떻게 생각하는지 자신의 의견이 반찬처럼 곁들여 있으면 받아들이는 사람의 자세가 바뀐다. 자기도 시켜서 하는 것이 아니라는 마음이 들어서 그 일에 대한 책임감이 느껴진다.

무언가를 보거나 듣고 어떤 생각이 들었는가? 지식이나 경험이 없어도 생각하는 것은 있게 마련이다. 커리어는 상관없다. 모두 같은 사람이므로 자기만의 시점으로 전달하는 것이 중요하다.

물론 조직의 풍토나 업무 내용에 따라 "당신이 어떻게 생각하든 상관없다"라는 말을 듣는 경우도 많다. 그런 분위기가 흔한 것 또한 사실이며, 일일이 자기 의견을 내면 업무를 진행하기 어렵다고 말하는 사람도 있을 것이다.

하지만 비록 전달할 기회가 없더라도, 자신이 어떻게 생각했는지 마음의 상태를 들여다보는 것이 중요하다.

기업이나 정치인이 안 좋은 사건에 휘말렸을 때면 기자 회견을 하는데, 그 자리에서 사과하는 사람이 손에 종이를 들고 읽는다면 어떨까? 사람들의 호감을 얻지 못할 것이다. '저건 자기가 쓴 말이 아닐 거야', '저런 생각 안 할걸?'이라는 생각이 든다.

이미 준비된 문장을 읽는 상황이 꼭 나쁜 것은 아니다. 결혼식의 클라이맥스에서 신부가 부모에게 전하는 편지도 준비된

자기주관으로 나의 언어를 만들어라

문장이며, "말썽만 부려서 죄송합니다", "그래도 항상 응원해주셨지요", "두 분 사이에서 태어난 것이 나의 행운입니다"라는 진부한 표현이 많다. 하지만 결혼식 당일까지 신부가 지금까지 살아온 인생을 가만히 돌아보면서 느낀 진정한 마음이 문장으로 표현된 것이다. 어려운 단어를 사용하거나 말투가 멋있는 것이 아니다.

표현의 기술보다 자신의 진심이 가장 강하게 잘 전해지는 법이다.

"🙂"
상대의 기분을
상상하며 말하기

오고 가는 횟수를 줄인다는 것은 머릿속에서 상대(읽는 사람)를 상상한다는 것이다. 이쪽에서 이런 말을 하면(전하면), 반드시 이런 말이 돌아올 것이라고 예상해보고, 그 반응에 대비해 미리 문장을 쓴다. 상대가 생각하는(생각할) 것을 이쪽에서 먼저 말하는 것이다.

이런 문장들은 공감을 자아낸다. 상대방이 '이 글을 쓴 사람은 나를 이해해준다'라고 느끼기 때문에 '그렇다면 이 사람도 이해하자'라고 생각하게 되는 효과도 있다.

2018년에 준공된 '가마이시 우노스마이초 부흥 스타디움'은 2011년 동일본 대지진으로 큰 피해를 입은 이와테현의 항구도

시 가마이시에 이듬해 개최된 럭비 월드컵의 경기장으로 지어졌다.

럭비 월드컵을 개최하려면 대부분 그 나라의 큰 도시이거나 7만 명 정도를 수용할 수 있는 큰 경기장이 있어야 한다. 그런데 쓰나미 피해로 학교와 가옥이 전부 떠내려간 도호쿠 지역의 작은 마을에 경기장을 신설해 월드컵을 개최하려고 생각한 사람들이 있었다.

아직 복구가 한창이라 임시 주택에서 살고 있는 현지 주민들도 많은데, 몇십억 엔이나 들여 경기장을 건설하는 것이 과연 맞는 일인가 하고 반대 의견도 많았다.

그런 와중에도 럭비와 연고가 있는 도시에서 럭비 월드컵을 유치하는 것에 큰 의미가 있다고 판단한 관계자들이 프로젝트를 진행해서 가마이시가 결정되었다.

2018년 8월 19일에 스타디움이 완성되었고, 나는 스타디움의 심벌마크와 건설까지 스토리를 담은 서적 제작, 그리고 개장 이벤트의 프로모션을 의뢰받았다. 스타디움 피로연이라고 할 수 있는 이벤트 공지 포스터에는 이런 글을 썼다.

"월드컵을 할 상황이 아니다", "지금부터 스타디움을 건설할 것인가?" 지진으로 큰 피해를 입은 인구 3만 5천 명의 도시가 럭비 월드컵의 개최지로 입후보했을 때 여기저기에서 그런 소리가 들려왔다. 틀린 말이 아니다.

그래도 어떻게 해서든 이 도시에 희망을 만들고 싶었다. 원래대로 되돌리는 것만이 아니라 새로운 미래를 만들고 싶었다. 하늘과 바다에 어울리는 녹색이 가득한 상징물을 만들고 싶었다.

예전에 가마이시에서 꿈을 얻었다는 일본인들이 가마이시의 힘이 되고 싶다고 응원해 이 스타디움이 완성되었다. 언젠가 이 스타디움을 만들어줘서 고맙다고 많은 사람들이 말해주기를. 가마이시는 혼자가 아니다. 모두와 함께라면 반드시 할 수 있다.

그래도 희망을 세운다. 킥오프! 가마이시 8.19.

첫 번째 줄은 상대의 시선에서 본 상황이다. 받아들이는 사람들의 기분을 쓴 다음에 맞는 말이라고 솔직히 인정했다. 하지만 '그래도'라는 강한 마음이 있었던 것도 솔직히 썼다.

이 경기장이 단지 현재의 낭비가 아니라 미래에 대한 희망으로 만들고 싶다는 내용을 글로 써서 "왜 스타디움 같은 걸 건설해?"라는 사람들에게 이유와 의미를 전달했다.

결과적으로 현지 사람들은 이 메시지를 받아들여 주었고, "그래도 희망을 세운다"라는 문구는 다양한 미디어와 인쇄물에 사용되었다.

재해지라는 민감한 주제였기 때문에 우선 현지 사람이나 관계자들에게 많은 이야기를 들었고, 많은 취재를 통해 '이쪽에서 말하고 싶은 것이 아니라 상대(받아들이는 사람)가 말해주기를 바라는 것은 무엇일까?'라는 것을 생각했다. 무엇보다 진지하고 간절한 메시지를 쓰려고 했다.

공감보다 그 사람의 입장이 되어보기

유머는 긴장과 완화에서 나온다고 하는데, 웃음은 공감에서
도 나온다고 생각한다. 물론 이것도 완화의 일종일지도 모른
다. 함께 일하는 동료 중에 머리가 반들반들하게 벗어진 남자
가 있다. 그는 처음 만나는 자리에서 반드시 "이 방이 밝은 것
은 제 머리 때문이 아니에요"라고 말한다. 당연히 사람들은 웃
음이 터진다. 상대가 생각하고 있을지도 모르는 것을 선수 쳐
서 말하는 것이다.

사람을 웃게 하는 데에는 상당한 기술과 센스가 필요할 것
같지만, 상대의 지금 심정을 떠올리기만 해도 웃음을 유발할
수 있다. 물론 뭐든지 웃음을 유발한다고 좋은 것은 아니지만,
긴장하고 서먹한 관계보다 서로 웃는 관계가 더 좋지 않을까?
형식적으로 서로 이래야 한다고 연기하기보다 위트를 섞은 커
뮤니케이션이 좋은 분위기를 만들어내고, 각자가 있는 그대로
의 모습을 끌어낸다.

상대의 기분을 상상하기란 굉장히 어려운 일이다. 인간이란
타인의 마음은 고사하고, 자기 마음조차 쉽사리 이해하지 못한
다. 게다가 아무리 그 사람의 이야기를 들었다 하더라도 속에

있는 뿌리 부분까지 모두 언어화되었다고 할 수는 없다. 그러므로 상대의 마음을 이해하려는 자세, 기분을 알려고 하는 자세가 중요하다.

예전에 소변이 마려워서 어느 상업시설에 있는 화장실에 들어갔을 때의 일이다. 그곳에는 남성용 입식 소변기가 3개 늘어서 있었다. 나는 입구에서 가장 먼 쪽으로 갔다. 그러자 다른 사람이 들어와서 내 옆, 즉 가운데 소변기 앞에 섰다. 한 칸 건너서 왼쪽 끝에도 소변기가 있는데 왜 일부러 옆에 섰는지 의아했지만, 볼일을 보고 그의 뒤를 지나 왼쪽 끝의 소변기를 보고 그 이유를 알았다. 주변 바닥이 아주 더러웠다. '이 사람 이상하네'라는 생각에서 끝내지 말고, 상대의 시선이 되어보는 것, 그러기 위해서 관찰하고 알려고 하는 것이 중요하다.

어떤 사람이든 그 사람의 행동이나 생각의 배경을 알면 인정하고 받아들일 수 있다. 그 사람을 싫어한다면 단순히 그 사람을 모르는 것일 수도 있다(흔히 싫어하는 사람은 자기와 닮은 사람이라는 말도 있다). 인간은 예측할 수 없는 것, 모르는 것에 대해 공포심이나 혐오감이 생기기 때문이다.

자기주관으로 나의 언어를 만들어라

좋은 말은
마음의 여유에서 나온다

생각을 말로 표현하는 트레이닝의 기회는 일상에서도 만들 수 있다.

우리 집에서는 밤에 자기 전에 한 사람씩 다른 가족에게 오늘 있었던 일을 돌이켜보며 고마움을 전달하는 간단한 규칙이 있는데, 이것을 감사 모임이라고 부른다.

정해진 형식은 "○○(이름), 오늘은 ○○○해줘서 고마워"라는 것이다. 간단해 보이지만 막상 하려면 어렵다. 가끔은 싸워서 감사의 말을 전하기 거북한 날도 있고, 함께 있는 시간이 별로 없어서 고마운 점을 찾기 어려운 날도 있다. 그래도 규칙이기 때문에 어떻게든 고마운 점을 짜낸다.

예를 들어 내가 아내에게 "○○, 오늘 아침에 유치원 도시락을 만들어주고, 밤에도 자기 전에 빨래하고 건조해줘서 고마워"라고 말한다. 아들에게는 "○○, 오늘 아빠가 화장실에서 화장지를 가져다 달라고 부탁했는데 갖다 줘서 고마워"라고 말한다.

너무나 일상적이고 사소한 일이지만, 하루를 돌아보고 가족 모두에게 도움받은 일이나 마음에 버팀목이 되어준 일을 찾아서 언어화하는 연습은 듣는 쪽도 마음이 가벼워지고, 감사의 말을 전한 쪽도 마음이 충족된다. 그전까지는 아이를 혼낸 날이면 잠든 아들에게 미안한 마음을 전했지만, 감사 모임으로 직접 고마움을 표현하자 평소에도 아이가 기분 좋게 내 이야기를 잘 들어준다. 반대로 바쁘고 여유가 없어서 감사 모임을 하지 못하면 아이도 짜증을 내는 경우가 많다.

아이는 그야말로 부모의 거울이다. 내가 짜증 내면 그대로 전해진다. 가령 제대로 치우려고 했는데 바로 "치워라!"라고 혼내면 괜히 더 짜증이 난다. 어린이도 사람이므로 실수하고 기대에 부응하지 못하면 짜증이 날 수 있다.

조금 말하기 어려운 일이라도 그날을 되돌아보고 용기를 내서 감사하는 마음을 말로 표현한다. 간단하면서도 어려운 일이지만 매우 효과적이니 시험 삼아 꼭 해보기를 바란다. 처음에는 민망하지만 일주일 정도 지나면 금방 익숙해진다. 무엇보다 어떤 하루라도 '아, 좋은 날이었다'라는 마음으로 마무리할 수 있다.

잘 전달하기보다
잘 전해질 수 있도록

한때 J리그 선수 출신의 초등학교 코치가 학부모들의 참견에 따른 고충을 이야기했다.

"연습이나 시합 중에 부모님들이 아이에게 이렇게 해라, 저렇게 해라, 왜 못하냐고 자꾸 말하는데, 그냥 지나칠 수가 없어요."

부모는 부모대로 아이를 위해 노력하기 때문에 무조건 아이에게 참견하지 말라고 차단할 수는 없다. 코치를 진심으로 신뢰할 수 없어서 이래라저래라 참견하는 것일 수도 있다(펠레가 코치라면 참견하는 부모는 없을 것이다).

나는 부모가 얼마나 아이를 이해하고 있는지 궁금했다. 부모는 참견하는 입장이지만, 아이가 어떤 생각을 하는지, 진심으로 축구를 어떻게 생각하는지, 아이가 생각하는 목표는 무엇인지 진지하게 듣고 이해하고 있을까? 이런 점을 부모가 제대로 알고 있다면, 밖에서 얼마든지 아이에게 참견해도 괜찮다.

내 친구들 중에는 현역 운동선수가 많아서 그들에게 경기 전날 응원의 메시지를 보내는 경우가 자주 있다. 다만 이때 '내일 시합 열심히 해!'라고 보내는 것은 조금 망설여진다. 내가 말하지 않아도 지금까지 필사적으로 훈련해왔고, 당일 시합에 출전할 정도라면 이미 충분히 노력한 것이다. 굳이 '열심히 해'라는 말을 할 필요가 없다. "상대가 그렇게까지 신경 쓰지 않으니까 그냥 열심히 하라고 말해도 괜찮지 않은가?"라고 말할 수 있다.

사실 맞는 말이다. 일반적으로 그런 말에 신경 쓰지 않는다. 귀찮다고 생각할지도 모르지만, 말을 다루는 카피라이터로서 의도나 생각 없이 말을 전하고 싶지 않다. 다른 누군가와 같은 말을 하는 것도 되도록 피하고 싶다.

예를 들어 여름이 되면 '여름이다! ○○이다!'라는 문구를 자주 본다. 전단지에 '그래, ○○○하자'라는 표현도 자주 등장하지 않는가?(아마도 '그래, 교토, 가자'가 시초였을 것이다.) '가라, 도호쿠'(JR 동일본)처럼 명령형으로 구성된 문구도 자주 본다. '○○○이래, ○○'도 자주 발견한다. 아마 원조는 '바뀐대, 두근두근'(토요타 코롤라)일 것이다. 무의식적으로 과거의 훌륭한 형식을 답습한 문구가 생겨나는 것이다.

상대의 마음에 한 걸음 더 깊이

혹은 무심결에 쓰는 말도 있다. 흔히 볼 수 있는 예시로 '잇다'와 '뛰어넘다'라는 동사를 들 수 있다. 유심히 관찰해보면 세상의 많은 슬로건과 캐치프레이즈에 '잇다'와 '뛰어넘다'라는 단어가 얼마나 많이 사용되고 있는지 알 수 있다. 편리한 말이지만, 한 걸음 더 깊이 생각하면 구체적으로 표현할 수 있다.

그럼 시합을 앞둔 친구에게 어떤 말을 할까? "내일 시합, 기대하고 있어. 지금 기분이 어때?"라고 질문한다. '기대돼?'라고 묻지 않는 것은 상대가 기대보다 긴장하고 있을 가능성이 크기 때문이다. 어디까지나 내가 기대한다고 표현한 다음 시합을 하루 앞둔 선수의 기분을 묻는다. 너무 깊이 생각하지 않고 대답할 수 있는 질문이 좋을 것이다. "긴장하고 있어"라는 대답이 오면 "그건 그렇지. 좋은 결과를 얻으면 좋겠다"라고 대답하고, "기대돼!"라는 대답이 오면 "그렇구나. 잘됐네. 즐겨!"라고 대답할 수 있다.

뭐라고 말을 걸면 좋을지 모르겠다면 차라리 상대의 말을 듣는다. 물론 질문할 수 없는 상황도 있겠지만, 억지로 말을 걸 정도라면 침묵이 나을 수도 있다.

듣는 사람이 진지하면 말하는 사람도 점점 능률이 올라간다. 다른 사람 앞에 서서 이야기하는 직업, 예를 들어 교사나 강사라면 실감할 수 있을 것이다. 어떤 공이든 기분 좋게 받아주는 좋은 포수가 있으면 투수는 좋은 피칭을 할 수 있다. 상대의 말을 받아들이는 기술이 뛰어난 사람은 전달하는 기술도 뛰어나다.

어떻게 해야 자신의 기분을 말로 표현해서 상대에게 잘 전달할 수 있을까? 이런 고민 상담을 자주 받는다. 어떤 식으로 말하면 좋을지, 뭐라고 쓰면 좋을지 고민하는 것이다. 우선 전달하고 싶은 상대의 이야기를 잘 들어야 한다.

잘 듣는 사람으로 내가 동경하는 사람은 학교 식당 아주머니다. 하루에 몇 번씩 정기적으로 얼굴을 보면서 학생의 변화를 알아채고, "식욕이 없어?", "무슨 일 있어?"라고 말을 걸고 이야기를 들어준다. 어떤 이해관계가 없이 말이다. 여러분에게는 식당 아주머니 같은 존재가 있는가?

잘 듣는 것은
언제나 옳다

듣는 것이 효과가 있다고 알려준 것은, 함께 근무하던 카피라이터 선배였다.

취직이나 이직을 하고 싶은 사람들을 위한 구인 광고 메시지를 만들 때, 우선 그 회사의 대표나 사원에게 회사와 관련된 것이나 광고에 관한 생각을 많이 듣는 것이 중요하다는 것이었다. 그 기업만의 독창적인 메시지나 놀랄 만큼 재미있는 소재를 얻을 수 있다. 재료가 좋으면 당연히 맛있는 요리를 만들 수 있는 것과 같다.

신문기자도 직접 취재하지 않으면 기사를 쓸 수 없다. 그런데 머릿속 이미지만으로 글을 쓰는 사람들이 많다. 일단 눈과 귀를 많이 움직여서 정보를 최대한 얻어야 '이것을 전달하고 싶다!'라고 잘 전해지는 문장이 나온다.

또한 듣는 것이 효과가 있다는 말은 우선 상대의 이야기를 들으면 상대가 자신의 이야기를 더 진지하게 받아들인다는 의미다.

오래전 일이지만, "결과를 보장한다"로 유명한 피트니스 센터 라이잡(RIZAP)의 창업자 세토 타케시를 만나 흥미로운 것을 배웠다.

"일본 전국의 트레이너 중에서 최고의 성적을 거두고 있는 우수한 사람들을 분석한 적이 있는데, 그 사람들에게는 한 가지 특징이 있었어요. 모두 듣기의 고수라는 것이었죠. 의사소통을 잘하는 사람이라고 하면 흔히 말을 잘하는 사람이라고 여기는데, 오히려 상대의 말을 잘 듣는 사람이 더 신뢰감이 생겨서 고객의 선택을 받는다는 사실을 알았습니다."

왠지 모르게 그럴 것 같다고 느꼈던 주관이 데이터 분석이라는 객관적인 사실로 증명된 셈이었다.

의류 매장에 들어갔을 때 묻지도 않았는데 "이 상품은······" 이라고 이것저것 설명하는 직원보다 "찾는 물건이 있으신가요?" 혹은 "그 코트 좋네요. 어디 제품인가요?"라고 말을 거는 직원에게 대답하기 쉽고, 무엇보다 그런 직원의 말을 듣고 싶어지는 법이다.

뭐든지 술술 말을 잘하거나 시인처럼 아름다운 말을 쓴다고

자기주관으로 나의 언어를 만들어라

해서 잘 전달되는 것이 아니다. 전달하고 싶은 상대의 이야기를 경청하는 일은 의식적으로 노력하면 내일부터라도 할 수 있다.

갑자기 글을 잘 쓰거나 멋있는 문구를 만들어내지 못한다고 해도, 제대로 듣고 조사하는 것은 할 수 있다. 이는 분명 잘 전달하는 것으로 이어진다. 듣는 것은 효과가 있기 때문이다.

서로를 아는 만큼
전달된다

　사실 상대의 이야기를 듣기는 굉장히 어렵고 쉽게 할 수도 없다. 상대가 이야기하고 있는데 딴생각을 하거나 침묵을 못 견뎌서 상대가 뭔가 말을 꺼내려고 하는데 먼저 이야기를 쏟아내기도 한다.

　유치원생들을 보고 있으면 기본적으로 그 자리에 있는 아이들 모두가 소리 내어 뭔가를 주장하고 있다. 그것이 인간의 본성이 아닐까? 어른이 되면서 조용히 앉아 남의 이야기를 듣는 사회성을 습득하는 것인지도 모른다.

　상대의 이야기를 들을 때 알아두면 좋은 기술이 있다. 상대에 대해 경의를 표하는 것이다. 존경하는 마음이 없으면 상대의 이야기를 진지하게 듣기 어렵다. 반대로 말하면, 존경하는 마음을 품는 것이 듣기의 첫걸음이라고 할 수 있다. 자신이 상대(말하는 사람)를 좋아한다는 것을 전제로(게임이라고 생각하고) 이야기를 듣는 것도 효과적이다.

그렇다면 존경하는 마음으로 다른 사람의 이야기를 들을 때 알아두면 좋은 것이 무엇일까? 바로 경위(일이 진행되어 온 과정)를 듣는 것이다.

사람은 모두 각각의 장소에서 태어나 여러 과정을 거쳐 그곳에 있다. 태어나면서부터 어딘가에서 자라나 이곳에 오기 전까지 웃으면서 평온한 길을 걸어온 사람도 있고, 슬픈 일이 있어서 조금 전까지 울었던 사람도 있으며, 쏜살같이 달려와 숨이 차는 사람도 있을 것이다.

저마다 다른 길을 걸어온 사람들이 같은 장소에 모여 어떤 조직이나 팀을 이룬다. 소규모 팀, 부부도 마찬가지다. 그렇기에 서로를 알아가는 것을 대전제로 소통해야 한다.

배경이나 과정을 아는 것은 상대를 이해하는 것과 직접 연결된다. 이것은 우리가 역사를 배우는 의미와 같다.

"👧"

내 말을 들을
준비가 되었는가?

경위는 경의다. 말 그대로 다른 사람의 경위에 귀를 기울인다는 것은 상대에게 경의를 표하는 행위다. 예를 들어 부하직원이나 후배가 고민 상담을 요청했다고 하자. 어떤 불안감이나 곤란한 점이 있는지 이야기를 들었다. 경험이 풍부하고 넓은 시각을 가진 당신은 금방 해결책이 떠오른다. 하지만 "그럼 이렇게 하면 되지 않을까?"라고 말하는 것을 참고, "언제부터 그렇게 됐어?", "왜 그렇게 생각했어?"라고 이야기의 시점보다 거슬러 올라가서 상황이나 기분을 물어본다.

경위, 즉 그곳에 이른 과정은 '왜?', '언제부터?'라는 질문으로 점점 끌어낼 수 있다. 게다가 "힘들었겠네"라고 공감하며 맞장

구를 치는 것으로 상대의 이야기를 더 끌어낼 수 있다. 말하는 사람도 유연하게 사고할 기회가 된다.

'피크엔드 법칙(peak-end rule)'이 있다. 사람들은 어떤 경험을 떠올릴 때 처음부터 끝까지 전체 과정을 기억하는 것이 아니라, 경험의 절정(peak) 순간과 마지막(end) 순간을 기준으로 평가한다는 것이다. 이처럼 고민에 잠겨 있는 사람은 시야가 좁아지거나 나쁜 일에만 눈이 가기 때문에 시야를 넓히는 질문을 하는 것만으로도 효과가 있다.

그리고 많은 이야기를 들으면 부하직원이나 후배가 무엇으로 고민하고 있는지, 어느 부분에서 좌절하고 있는지를 알게 되어 조언의 질도 향상된다. 무엇보다 이야기를 잘 들어준 사람이 하는 말을 상대가 더 잘 받아들인다.

상대가 원하는 말을 하려면 먼저 들어라

한 의사가 드럭스토어에서 살 수 있는 약과 병원에서 처방되는 약의 차이점을 이야기해주었다. 약 자체의 효과 차이는 크지 않고, 처방전은 단지 환자의 상태에 따라 약을 선택한다는 것이다. 병원에 가면 의사가 청진기를 가슴에 대거나 문진을 하고 그 사람의 증상에 맞는 약을 골라준다. 반면 드럭스토어에서 살 수 있는 약은 누구에게나 폭넓게 효과 있는 종합적인 약이므로 증상의 원인이 어긋나면 별로 효과 없다는 것이다.

의사소통도 비슷하다. 우선 상대에게 마치 청진기를 대듯이 차분히 이야기를 들어야 상대에게 가장 효과적인 약(말)을 처방해줄(전달할) 수 있다.

나는 1년 내내 티셔츠를 입고 있는 경우가 많아서 종종 "춥지 않으세요?"라는 질문을 받는다. 그럴 때 생각하는 것은 '역 앞을 달리는 민소매 반바지 차림의 운동선수에게 춥냐고 묻지는 않는데'라는 것이다. 지금 눈앞에 있는 사람이 겨울철에 티셔츠 차림이라고 해도, 어쩌면 그 사람은 달리기를 해서 땀이 많이 났을지도 모른다. 경위를 알면 '아, 그래서 티셔츠를 입었구나'라고 알 수 있다.

눈앞에 있는 사람에게 어떤 경위가 있는지 알고자 하는 것은 상대에 대한 경의라고 할 수 있고, 그것을 아는 것만으로 불안감이나 공포를 줄일 수 있다.

거듭 말하지만 사람은 모두 다르다. 그렇기 때문에 서로를 이해하는 것이 중요하다. 그러기 위해서는 경의가 필요하다. 상대를 존경하는 마음이 없으면 남의 이야기를 들을 수 없다. 그것을 항상 마음에 담아두길 바란다.

자기주관으로 나의 언어를 만들어라

생각을 말하려면
멈추는 시간이 필요하다

자전거 브레이크가 고장 난 적이 있다. 오른손 쪽 앞바퀴의 브레이크 핸들을 아무리 세게 잡아봐도 타이어가 전혀 멈추지 않아서 자주 가는 자전거 가게의 아저씨에게 수리를 맡겼다.

"이거 브레이크 패드가 닳아서 앞뒤 다 교체해야 해요. 금방 할 수 있습니다."

30분 후에 전화가 와서 자전거를 가지러 갔다. 돌아오는 길에 자전거를 타보니 쌩쌩 달려 나갔다. 그때 이런 생각이 들었다.

'어떻게 브레이크를 고쳤기에, 쌩쌩 달려 나갈 수 있지?'

브레이크가 망가졌을 때는 속도가 나지 않았던 것이다. 멈출 수 있기 때문에 달려 나갈 수 있었음을 깨달았다.

자전거로 쌩쌩 달리면서 '수파리'의 가르침대로 지키기(守) 때문에 깰 수 있고(破), 떠날 수 있는(離) 것은 지키기(守) 때문이라는 생각이 들었다.

　마찬가지로 상대에 대한 최소한의 경의와 규칙을 지키기 때문에 과감한 말을 할 수 있으며, 그것이 예의다. 브레이크가 망가진 자전거를 타고 쌩쌩 달려 나가면 주위 사람은 물론 스스로도 위험한 상황에 노출된다.

내가 생각해도
내 말이 설득력 있는가?

"사람들에게 뭔가 알려주고 싶어."

"사람들이 어떤 행동을 하면 좋겠어."

카피라이터뿐 아니라 일상이나 비즈니스에서 이런 상황이 있을 것이다. 전단지나 포스터에 들어가는 캐치프레이즈를 생각하는 것과 같은 상황이다. 초보자가 이런 캐치프레이즈를 생각할 때 자주 빠지는 패턴이 있다.

예를 들어 한 출판사가 정가 2만 엔짜리 두꺼운 전문서적을 팔고 싶어 한다고 하자.

카피라이터 경험이 적은 사람이 이런 주제를 쓰면 다음과 같은 카피가 나올 수 있다.

"읽지 않으면 누름돌이 된다."
"엄마가 책 지지대로 쓰고 있다."

언뜻 보면 여러모로 쓸모 있는 책이라고 생각할지도 모르지만, 정말 그런지 물어봐야 한다. 무겁고 값비싼 책을 누름돌로 쓰는 사람은 없을 것이고, 책 지지대는 시중에 나오는 제품이 더 싸고 좋다. 이것은 매력적인 책의 내용을 전하는 것과는 시점이 조금 비껴간 것이다. 실제로 두꺼운 책을 "누름돌이나 책 지지대로 쓸 수 있으니 사자!"라고 하지는 않는다.

"책으로 읽지 않으면 책잡힙니다."

이는 말하자면 말장난이다. 젊은 층에서 말장난으로 판매 문구를 생각해내는 사람이 많은데, 이것은 상당히 도전적인 행위다. 유머는 커뮤니케이션 수단으로 받아들이는 사람의 경계심을 없애는 효과가 있다. 다만 수사법으로 본래 전하고 싶었던 뜻이 희미해지거나 말장난이라는 인상이 강해서 구매를 촉진하기는 어렵다. 좀 더 좋은 표현이 있으면 좋을 것이다.

"이 책에서만 읽을 수 있는 정보가 있습니다."

자기주관으로 나의 언어를 만들어라

이런 카피도 있을 수 있다. 그런데 이 책에서만 읽을 수 있는 정보라고 해도 큰 서점에 가면 다른 책을 찾을 수 있을지도 모른다. 어디까지나 이번 주제는 책 판매이므로 상대 쪽에서 보면 그 책을 구매하는 것이다. 책을 설명할 수는 있지만, 구매까지 이끌어내기에는 조금 약하다.

"오히려 저렴한 편입니다."

이런 관점도 확실히 비싸지만 그만큼 유익한 내용이 담겨 있다는 메시지를 전한다. 사야 할 이유에 조금 가까워졌다고 할 수 있다. 사람들은 물건을 살지 말지 고민할 때 구매할 이유를 찾는다. 어떻게 보면 그것을 사려고 하는 스스로를 정당화하는 것이다. 그런 인간의 심리를 공략해서 "사실 이 정도 내용이면 10만 엔 정도 해도 이상하지 않아요"라고 말하면, 같은 2만 엔을 보는 관점이 달라진다.

"열심히 하는 부하직원에게 선물하지 않겠습니까?"

이 문구도 마찬가지로 구매 이유가 포함되어 있는데, 제안의 요소도 들어 있다. 전문 업계에서 일하는 사람이 부하직원에게 보상으로 사주기 딱 좋은 책이라는 말이다.

"회사 경비로 구매하는 건 어떨까요?"

제안한다는 방향에서 이렇게 전개할 수도 있다.

"중고 거래 앱에서는 살 수 없어요."

가상의 주제이므로 사실 여부는 차치하고, 중고 거래 앱에서
살 수 없다는 것은 그것을 산 사람이 되팔지 않는다는 뜻이다.
그것은 구매한 사람의 만족도가 높다고 할 수도 있고, 희소성
이 있다고 할 수도 있다. 반대로 아무도 사지 않았을 가능성도
있다.

단순할수록 강렬하다

자신의 생각을 상대에게 전달해서 공감이나 행동을 촉진하
고 싶은 초보 카피라이터들이 자주 빠지는 함정은 지나치게 비
튼다는 것이다. 원래 무엇을 전달하고 싶은지, 왜 전달하고 싶
은지 단순하고 강한 동기와 생각을 우선 솔직하게 써보는 것이
중요한데, 표현법에 매달리는 경우가 자주 있다.

예를 들어 사랑하는 연인을 보는 순간 "좋아해"라는 말이 "너
는 고요한 달보다 빛나고 아름다워"라는 말보다 더 진심이 담

자기주관으로 나의 언어를 만들어라

겨 있지 않은가? 굳이 비틀지 않고 전달하고 싶은 말을 그대로 하는 것이 좋다.

사람들의 기억에 남는 말이나 저절로 입에 붙어서 세상에 널리 퍼뜨리는 문구를 쓰는 기술은 카피라이터라면 모두 알고 있을 것이다. 하지만 말을 비틀지 않는 것이 중요하고, 나아가 비틀지 않아도 강하고 깊게 전달되는 사실을 발견하는 것이 중요하다. 실제로 상품이나 서비스를 사용해보고 사장이나 개발한 사람의 이야기를 들어보면 그 상품이나 서비스가 생겨난 배경, 그 기업이 사회에 존재하는 이유 등을 찾을 수 있다.

그리고 스스로 '그거 굉장한데!' '우와!'라고 생각한 사실을 그대로 쓰면 된다. 좋은 카피가 나오지 않을 때는 대개 컴퓨터 앞에 앉아 머리를 싸매고 있을 때다. 일단 손발을 이용해 오감을 움직여 희로애락을 만들어내는 것이 중요하다.

애플의 아이폰 광고 문구 중에 "iPhone으로 촬영"이라는 것이 있었다. 아름답고 다이내믹한 사진이 포스터 가득 배치되어 있고, 그 밑에 이 문구가 작게 들어가 있다. 상품에 훌륭한 기능이 있으면 표현이 단순해도 상관없다.

그렇게 생각하면 '한 출판사가 정가 2만 엔짜리 두꺼운 전문서를 팔고 싶어 한다'라는 예시는 사실 그냥 말장난이 된다. 왜냐하면 실제로 어떤 책인지 모르는 상태에서 카피를 쓰고 있기 때문이다. 원래는 직접 2만 엔을 주고 그 책을 사서 읽어봐야 비로소 얼마나 좋은지 전달할 수 있다.

"사건은 회의실에서 일어나지 않아. 현장에서 일어난다"라는 명대사(《춤추는 대수사선》)와 같은 자세다. 우선 현장에서 오감을 총동원해보고, 회의실에서 전달하는(쓰는) 것이 중요하다.

자기주관으로 나의 언어를 만들어라

주목을 끄는
문장을 만들 때 유의할 점

① 핵심을 정면으로 파악할 것

책을 사고 싶게 만드는 문구를 생각할 때, 흔히 팔고 싶은 대상이 어떤 것인지 설명하거나 묘사하게 된다. 하지만 극단적으로 말해서 일단 '제발 사주세요'라는 자세로 카피를 쓰는 것이 중요하다.

② 목적에서 벗어나지 말 것

카피를 쓰다 보면, 무심코 표현에 치우쳐서 쓰는 이유를 간과하는 경우가 자주 있다. 자신이 무엇을 전달하고 싶은지, 무엇을 하고 싶은지 항상 자문자답하자. 무엇보다 주제에 맞게 써야 한다.

③ 나만의 주관적인 데이터를 조사할 것

끈질기게 '나는 어떤가?'라는 주관을 철저히 밝혀보는 것이 중요하다. "세상 사람은 모두 이럴 것이다"라고 단정 짓는 것은 조금 위험하다. 그것이 사실인지 아닌지 모르기 때문이다. 먼저 솔직히 설문에 답해주는 자기 자신을 인터뷰하자.

④ 내 형편만 말하지 말 것

1999년에 "말솜씨가 수려한 사람에게 집을 사는 것은 왠지 두렵다"라는 건설회사의 광고 카피가 있었다. 팸플릿에 쓰여 있는 자사의 특징을 떠들어대거나, 자기 쪽에 편리한 말만 하는 사람의 이야기는 신뢰하기가 쉽지 않다. 글을 쓰는 입장에서는 성급하게 선전 문구를 말하지 않도록 조심해야 한다.

⑤ 거짓말하지 말 것

당연한 말이라고 생각할 수도 있지만, 실제로 카피를 많이 써보면, 어느새 이랬으면 좋겠다는 소망이나 재미있게 쓰려는 욕망 때문에 거짓말을 쓰게 된다. 자신이 쓴 글이나 카피를 다시 읽어보고 "이게 정말일까?"라고 꼬투리를 잡아보자.

그리고 좋은 질문이 좋은 답을 낳는다. 질문이 빗나가면 대답도 모두 빗나간다. 앞서 예로 든 정가 2만 엔짜리 전문서를 팔기 위한 카피라면 이런 자문자답을 해보자.

주관

평소 나는 2만 엔짜리 책을 어느 때 사고 싶은가?

내가 이 책을 친구에게 추천한다면 뭐라고 설명할까?

종이책이란 인류에게 어떤 존재일까?

객관

세상 사람들이 2만 엔을 내고 사는 것은 뭘까?

대여하는 것과 돈을 주고 사는 것은 뭐가 다를까?

이 책을 사는 사람은 어떤 기쁨을 느낄까?

이렇게 주관적인 것과 객관적인 것을 각각 생각해보고 메모한다. 모래밭에 큰 산을 만들고 양쪽을 파내서 터널을 뚫는 놀이와 같다. 출발 지점에서 자기 생각을 파보고, 건너편에서도 파다가 손과 손이 연결되는 것이다.

나의 생각, 나의 이야기를
표현할 때 효과적으로
활용할 수 있는 기술은 무엇인가?

제5장

나의 언어로
전달하는 법

나의 생각을 전달하는
15가지 도전

자신을 넣기만 해도 관련된 주위 사람들과 의사소통이 원활해지고, 누가 시켜서 하는 일이 아니라 스스로 하는 일이 된다.

"하지만 갑자기 나를 내보이려니 부끄러워요."

"그렇게 말해도 내가 하는 일에 내 의견은 필요 없어요."

물론 이렇게 말하는 사람들도 있을 것이다. 그래도 조금씩 나를 넣는 시도를 해보자. 마음에 드는 옷을 피팅룸에서 입어본다는 기분으로 시도해보면 어떨까? 작은 시도를 해보고, 잘 되면 조금 더 큰 시도를 해본다. 말을 만들어내는 일은 원가가 들지 않기 때문에 일단 시도해봐도 된다.

언어화를 위한 기초 기술에는 다음 3가지가 있다.

① 지식력

어휘, 과거 사례에 관한 폭넓은 지식, 언어화 및 표현에 관한 전문적 지식을 활용할 수 있는 힘

② 수용력

보내는 사람과 받는 사람 사이에서 전달하고 싶은 것이 잘 전달되는지 상상할 수 있는 힘

③ 본질력

인간의 보편성에 뿌리를 두고, 구체적으로 본질을 도출할 수 있는 힘

이것이 없으면 안 된다는 것은 아니지만, 우수한 카피라이터는 이 3가지 기술을 갖추고 있다. 하지만 안타깝게도 하루아침에 터득할 수는 없다. 3가지 기초 기술을 단련하기 위한 평소의 자세를 의식하면서 바로 실천할 수 있는 방법을 소개하겠다.

나의 생각을 전달하는 15가지 도전, 시작해보자.

① 인칭대명사로 친근하게 시작한다

보통 말할 때 사용하는 인칭대명사를 그대로 사용해서 글을 써보자.

1인칭대명사에도 여러 가지가 있다. 영어로 'I'는 하나밖에 없지만, 나, 우리, 저, 자신, 이쪽 등 다양하게 표현할 수 있다.

인칭대명사는 그 뒤에 이어지는 말을 규정한다. 예를 들어 "네 이놈……"이라고 하고 나서 그 뒤에 "이쪽으로 와주세요"가 붙을 수는 없다. 인칭대명사를 어떤 식으로 표현하는지에 따라 말의 전체 톤에 영향을 준다.

언제나 그 사람 앞에서 자신을 '나'라고 말한다면 가급적 문장에서도 '나'라고 쓴다. 평소에 다나카 씨라고 부르는 사이라면 메일에 다나카 님이라고 쓰지 말고 과감히 다나카 씨라고 써본다.

높은 어르신을 상대하거나 결혼식의 인사말에서는 당연히 '나'라고 해서는 안 된다. 형식이 중요한 상황에서는 말에도 격식을 차려서 적절한 인칭을 사용한다.

② 형식을 무시할수록 아이디어가 빛난다

처음 메일로 연락하는데, "항상 신세를 지고 있습니다"라고

　　　　　　　　　자기주관으로 나의 언어를 만들어라

쓰는 사람이 있다. 어쩌면 메일 형식에 미리 입력해둔 자동 문구일지도 모른다. 상대방에 대한 경의를 표현하는 형식을 중요하게 생각하는 사람도 있다. 일단 무난한 형식으로 정해두면 "아니, 신세 진 적 없어요!"라는 대답이 오지 않는다는 암묵적인 양해가 있기 때문에 상관없다고 생각하는 사람도 있을 것이다.

그래도 조금 신경 쓰이는 것은 '말에 경의가 있는가?'라는 것이다. 말을 사용해서 자신의 생각이나 마음을 전하고 사람을 움직이려고 할 때, 처음 연락하는 상대에게 "항상 신세를 지고 있습니다"라고 쓰는 경우는 극단적으로 말해서 거짓말이다. 말을 소중히 여기지 않는 행위라고 할 수 있다. 이미 순위가 결정된 리그에서 남은 경기에 억지로 내보내는 투수처럼 여기는 것이다. 평소에 말을 험하게 하는 사람이 필요할 때만 말을 예쁘게 하려고 해도 순순히 그렇게 되지 않는 법이다.

자료를 만들 때 우리는 파워포인트 같은 소프트웨어를 사용한다. 내용물을 만들 때도 구성, 폰트, 표제, 도형과 데이터를 무의식중에 정해진 정답이 있는 것처럼 만든다. 그것은 미리 만들어진 기본 형식이므로 업무를 효율화하는 데 유용하다.

그런데 이미 정해진 형식을 따라가거나 빈칸을 채우는 데 급급해서 사고가 정지하는 경우가 있다. 왠지 그럴듯해 보이는 자료를 완성한 것에 만족해서 흔한 내용으로 대충 채우거나 본인의 생각은 하나도 넣지 않게 된다.

그래서 파워포인트 사용을 중단해보는 것도 괜찮다. A4 종이에 상대에게 메일을 보내듯이 글로만 생각을 써보는 것이다. 객관적인 자료를 보여주는 도형이나 그래프가 꼭 필요하면 실어도 되지만, 그것도 "70%의 사람이…… 매출 추이는……"이라고 문장으로 만들 수 있다.

다른 사람에게 전달할 때도 마찬가지다. 자료를 보여주면서 글자를 소리 내어 읽으면 국어 수업 시간이 아니기 때문에 듣는 상대는 지루하다. 자료가 없어도 이야기할 수는 있다. 상대의 눈과 귀를 나에게 집중시키는 것이 중요하다. 제대로 자료를 만들지 않은 것처럼 비쳐질까 봐 두려울 수도 있지만, 중요한 것은 자료 자체가 아니라 내용물, 즉 아이디어와 생각이다. 자료가 필요한 경우에는 내용을 간단히 정리해서 나중에 보내면 된다.

③ 잡담으로 분위기를 풀어준다

말에 나를 섞기 위해서는 장소의 분위기나 서로의 관계성이 중요하다. '자신'이 피어나기 좋은 토양을 다져야 한다는 뜻이다.

예를 들어 회의나 협의 장소에서 예정대로 시작해서 바로 본론에 들어가는 것이 아니라 "어제 저녁 식사는 뭐 드셨어요?"라는 식으로 가벼운 질문을 해서 한 사람씩 대답해간다. 비즈니스에서는 아이스브레이커(icebreaker, 첫 만남에서 분위기를 풀어주는 과정—옮긴이)라고 하는데, 한마디로 잡담이다. 시간 낭비라고 생각할 수도 있는 이 몇 분이 매우 중요하다. 일단 모두 이야기할 기회를 줄 수 있고, 각자의 고유한 이야기도 들을 수 있다. 쉽지 않지만 그 자리의 모든 사람들이 웃을 수 있는 유머까지 있으면 금상첨화다.

대면할 때의 말뿐 아니라 메일이나 메시지를 보낼 때도 사적인 잡담을 한 줄만 슬쩍 넣어도 그 뒤의 문장에 자신을 넣기가 쉬워진다.

④ 웃음은 장벽을 허무는 무기다

눈물은 전염된다는 말이 있는데, 인간은 본능적으로 다른 사람에게 공감하는 기능을 갖고 있는지도 모른다(하품하는 사람을 보면 자신도 하품하게 되는 것도 공감 본능의 일종이라고 한다).

마찬가지로 사람들이 웃음을 터뜨리는 영상을 보면 나도 모르게 웃음이 난다. 코미디 세계에서는 이것을 웃음 유도라고 말하기도 한다. 이야기하는 사람이 웃으면 이쪽도 웃음이 나는 것이다.

유머는 마음의 문을 여는 최강의 무기다. 집에서 가족끼리 싸우고 있는데 키우는 개가 기적적으로 야옹 하고 짖으면 눈을 마주치고 웃으면서 싸움이 끝나지 않겠는가?

자신을 넣을 때는 조금 웃으면서(쑥스러워하면서) 이야기해보자. "사실 저는 A안이 아니라 B안이 좋다고 생각해요. 아하하."

화난 듯이 보이는 사람, 기분 나빠 보이는 사람의 이야기는 받아들이기 어렵지만, 애교가 있으면 받아들이기 쉬워진다.

문장이라면 웃음 이모티콘을 사용하는 것도 기술이다. "부장님, 땀을 좀 많이 흘리시네요"라고 하면 악의가 느껴지는데, "부장님, 땀을 좀 많이 흘리시네요^^;"라고 하면 관계성에 따라 달라지겠지만 받아줄 수 있지 않겠는가?

다만 지나치게 많이 넣으면 계속 웃기만 하는 이상한 사람처럼 보이므로 한두 개 정도만 넣는 것이 좋다.

⑤ 이중부정으로 메시지를 강조한다

이것은 문장 전체보다 캐치프레이즈처럼 한 줄로 승부하는 경우에 유용한 기술이다. 부정 표현을 넣으면 듣는 사람의 기억이나 마음에 약간의 손톱 자국을 남길 수 있다. 너무 매끈매끈해서 듣는 사람이 그냥 지나치는 표현에 까칠함을 더해서 인상에 남기는 것이다.

일상생활에서 매사에 부정적인 것은 별로 좋지 않지만, 말의 표현 기술에서는 부정문을 효과적으로 사용해서 더 긍정적인 인상을 줄 수 있다. 예를 들어 유명한 캐치프레이즈가 있다.

"No Music, No Life."(음악 없이 삶도 없다, 타워레코드)

이 문구를 생각한 카피라이터는 'No Pain, No Gain'(고통 없이 얻는 것은 없다)이라는 오래된 문구에서 착안했다고 한다. 어쨌든 이 캐치프레이즈가 'Life Is Music'(삶은 음악이다)이라면 어떨까? 말의 매력이 반감되지 않는가. 이중부정이라는 수사법을 활용하면 멋이 더해진다.

"즐겁지 않으면 텔레비전이 아니야!"(후지TV)라는 방송국 슬로건도 있다. 이 역시 의미 자체는 '텔레비전은 즐거운 것이다'이지만, 이중부정 덕분에 위엄 있는 슬로건이 되었다.

"직업을 물었을 때 회사 이름으로 답하는 사람에게 지지 않는다."(가텐)

현장직(육체노동) 관련 구직 정보를 제공하는 잡지 ≪가텐≫의 이 카피는 사회인으로 시작하는 나를 지탱해준 문구다. 대학을 졸업하고 친구들은 이름만 대면 누구나 아는 대기업에 취직했는데, 나만 아무도 모르는 회사에 취직했기 때문이다.

이 세상의 모든 블루칼라 직종의 사람들을 격려하면서, 회사 이름이 아닌 자기 실력으로 경쟁한다는 생각을 품고 일하는 모든 사람을 응원하는 문구다. 이 카피가 "직업을 물었을 때 회사 이름으로 답하는 사람을 이기겠다"라면 뭔가 허전하지 않은가?

동일본 대지진 후에 혼다가 내세운 "질까 보냐"라는 카피도 있다. '이긴다'보다 '지지 않는다'라는 표현이 역경을 딛고 일어서고자 하는 의지가 더 강하게 느껴진다. 약팀이 강팀을 상대하는 자이언트 킬링(giant killing) 스토리는 모두 좋아하기 때문에 '지지 않겠다'라는 표현이 공감을 자아내기 쉽다.

"지름길 따위는 없었지"(산토리 올드)라는 카피라이터 업계에서는 모르는 사람이 없는 유명한 카피도 있다. '없었다'라는 부정형이 물론 효과적이지만, '따위'와 '없었지'라는 표현에서 전문가의 기술이 느껴진다. 더 강한 부정이 느껴지고, 말투에서 화자의 얼굴이나 기분까지 상상할 수 있다.

훌륭한 카피를 살펴보면 부정을 섞은 한 줄의 표현이 얼마나 효과적인지 새삼 알 수 있다.

⑥ '~하자'로 행동을 북돋운다

슬로건에서는 '~하자'의 형태가 익숙하다. 초등학교 벽에 붙어 있는 포스터에도 많이 사용된다. '다 같이 사이좋게 놀자'라는 식이다. 이것은 많은 화살표를 하나로 묶는 듯한 형태다.

이처럼 누구나 자주 사용하는 말투이기 때문에 특히 전문가가 성과를 내기 위해 사용할 때는 잘 생각해야 한다.

"사랑을 합시다."(빔스)

동일본 대지진 이후 인연이라는 말이 많이 언급되었다. 어떻게 해야 좋을지 앞이 보이지 않는 정세 속에서 '인연을 소중히 합시다'가 아니라 '사랑을 합시다'라는 메시지를 의류 브랜드 빔스(BEAMS)가 거리에 전달했다. 사랑한다는 것은 인간이 원래 가진 본능 중 하나이며, 사랑하면 지금까지 보던 풍경과 일상이 밝아진다. 가장 친숙한 한 사람과 한 사람이 인연을 맺어 사랑한다는 것을 젊은이들에게 제안한 훌륭한 관점이다.

"생각하자. 답은 있다."(아사히카세이 헤벨하우스)

도쿄에서 단독주택을 짓는 건설회사만이 가진 제약이나 조건을 기술과 지혜로 해결해나가고자 하는 성실한 자세가 느껴지는 카피다. 게다가 이 카피는 광고로 사회의 불특정 다수에게 널리 알리는 말이 아니라, 이 회사에서 일하는 사원들에게 하는 말(스스로 타이르는 말)이다. 벽에 부딪힌 사람들에게 답은 분명히 있다고 격려하는 표현으로 나 역시 좋은 아이디어가 나오지 않을 때 자주 떠올린다.

"살아라."(모노노케 히메)
"Just Do It."(그냥 해, 나이키)

이런 광고의 캐치프레이즈는 '~하자'보다는 명령형(~하라)의 뉘앙스가 강한데, 그만큼 강한 의지가 느껴진다.

명령형의 말투는 자칫 상대에 대한 압박이나 강제적인 느낌을 줄 수 있지만, 망설이는 사람을 격려하는 말이 되기도 한다. 두 문장에서 배울 수 있는 점은 지나치게 구체적으로 말하지 않는 것이다. 자사의 홍보 요소를 배제하고 간결한 표현만 사용해 언제 어디서 누구에게나 말할 수 있는 보편적인 메시지로 만들었다.

⑦ 긍정문이 명령문보다 효과적이다

인간은 생존 본능이 있어서 타인의 약점에 자연스럽게 눈이 간다고 한다. 그래서 상대의 좋은 점보다 나쁜 점에 무심코 신경 쓰는 것이다. 세상에는 칭찬을 좋아하는 사람은 많지만, 남을 칭찬하는 사람은 적다. 칭찬의 수급 균형이 깨진 셈이다. 반대로 말하면 좋은 점에 눈을 돌리는 사람이 적다는 뜻이다.

부하직원에게 아무리 세세하게 지시를 내려도 그대로 따르지 않는다고 고민하는 사람이 있다. 그 사람에게 "상사가 지시도 하지 않고 방치해서 어찌할 바를 모르는 부하직원도 있는데, 제대로 지시를 내리는 것은 훌륭한 일입니다. 쉬운 일이 아닌데 말이지요. 그렇기 때문에 부하직원에게 '어떻게 하면 행동하기 더 좋은지 가르쳐주지 않겠어? 뭔가 움직이기 어려운 이유가 있어?'라고 묻고, 이야기를 들어주면 더 좋아지지 않을까요?"라고 조언해본다. 처음에 상대의 좋은 점을 제대로 인정하면 그 뒤에 정말 전달하고 싶은 조언을 쉽게 들어줄 것이다. "이렇게 좋은데, 안타깝네요"라는 말을 들으면 순순히 노력하려는 마음이 든다.

일본에서는 어릴 때부터 "남에게 폐를 끼쳐서는 안 된다"라고 배우지만, 인도에서는 "당신은 남에게 폐를 끼치며 살고 있으니 남의 일도 용서하라"라는 가르침이 있다고 한다. '서로 마찬가지'라고 할 수 있다. 자신의 생각을 상대가 받아주려면 우선 상대의 말을 긍정해야 한다. 물론 그럴 수 없는 것도 있으니, 모든 것을 받아들일 필요는 없다. 하지만 빛이 있기에 그늘이 있는 것처럼, 누구에게나 좋은 점과 나쁜 점은 존재한다. 상대의 좋은 점을 의식적으로 찾아서 좋다고 말할 수 있다면 상대도 나를 더 잘 받아들일 것이다.

⑧ 말끝에 기호를 넣어 감정을 표현한다

상대를 눈앞에 두고 대화하는 상황이라면 상대의 표정이나 목소리 톤, 몸짓과 손짓까지 포함한 많은 정보를 주고받을 수 있다. 반면 글을 주고받으면 상대방이 지금 어떤 상황이나 마음으로 그 메시지를 읽고 있는지, 어떤 인상을 받고 있는지 이해하기 어렵다.

그래서 실용적인 기술로 말끝에 기호를 사용하는 방법이 있다. 이모티콘은 정중한 비즈니스 상황에서 사용하면 거부감이 들 수도 있다. 그래서 메일이나 메시지에 일반적인 구두점만이 아닌 기호를 사용해 이쪽의 분위기를 전달하거나 이쪽이 생각하는 것을 자연스럽게 전달할 수 있다.

먼저 느낌표를 사용해보자.

"잘 부탁드립니다."
"잘 부탁드립니다!"

두 문장의 내용은 똑같지만, 화자의 인상이 꽤 달라진다. 후자는 고개를 숙이며 인사하는 톤이다. 잘 사용하면 겸손해 보이기 때문에 위압감을 없애는 효과가 있다.

다만 느낌표는 주의를 환기하는, 말하자면 자동차의 경적 같은 역할도 한다. 사용할 때는 전체적인 글에 하나, 많아야 2개 정도가 좋다. 특히 강조하고 싶은 메시지 뒤나 첫머리와 마지막 인사에만 덧붙이는 것이 적당하다.

한 가지 주의할 점은 윗사람이 느낌표를 사용하면 받는 입장에서는 부담스러울 수 있다는 것이다. 구체적으로 어떤 경우에 주의하라고 말할 수는 없지만, 거래처나 주변 지인 정도라

자기주관으로 나의 언어를 만들어라

면 크게 신경 쓰지 않고 느낌표를 사용해도 손해 볼 일은 없을 것이다.

그다음으로 괄호가 있다. 괄호는 말 뒤에 붙여서 마음의 소리를 보충하고 싶을 때 사용할 수 있다.

"저희가 이번 주 안으로 검토하겠습니다(개인적으로 좋아합니다)."

이렇게 괄호에 넣으면 하고 싶었던 속마음을 자연스럽게 전달할 수 있다. 가끔 문장 전체의 절반을 괄호로 처리하는 사람이 있는데, 그러면 자기주장이 강한 사람으로 보여서 역효과가 날 수 있으니 조심하자.

말끝에 기호를 활용하는 기술은 특별히 새로운 것은 아니지만 제대로 활용하면 효과를 볼 수 있다.

내가 20대 후반에 고등학생을 상대로 럭비를 지도할 때 10대였던 학생들이 보내는 문자의 대부분이 '알겠습니다', '지금 도착합니다'라는 식으로 마침표가 없어서 놀랐던 기억이 난다. 텍스트 메시지에서 구두점조차 붙이지 않으면 조금 무례한 느낌을 주기 때문에 구두점을 적절히 사용하는 것이 바람직하다.

그리고 어떤 경우든 문장을 쓸 때 기호를 지나치게 사용하는 것은 조심하자(뭐든 지나친 것은 좋지 않은 법이다).

⑨ 마주 보지 말고 같은 방향을 본다

"same picture."

이것은 럭비에서 자주 사용하는 말로 '같은 그림'이라는 뜻이다.

럭비는 한 팀으로 구성된 15명의 선수가 항상 바뀌는 눈앞의 상황 속에서 임기응변으로 각자 자신의 역할을 해야 한다. 따라서 어떤 상황에서 어떤 플레이를 하고, 어떤 상황을 조심해야 하는지 15명 전원이 머릿속에서 같은 그림을 그리는 것이 중요하다.

뉴질랜드의 럭비 대표 선수들은 '올블랙스(All Blacks)'라는 애칭으로 사랑받고 있는데, 100년이 넘는 역사 속에서 80~90%의 승률을 기록한 명실상부 최강의 집단이다. 그들은 경기할 때만이 아니라 조직 전체에서도 'same picture'를 이념으로 삼는다. 그것은 팀을 발전시켜 다음 세대에 계승하는 것, 말하자면 사명이라고 할 수 있다. 선수들 모두 머릿속에 그것이 담겨 있으므로 서로 라이벌이라 해도 연습 중이든 합숙소에서든 적극적으로 기술이나 지식을 교환한다.

라이벌인데 왜 그렇게까지 할까? 개인이 활약해서 좋은 평가를 받는 것만이 아니라 팀이 강해지는 것이 올블랙스의 사명이기 때문이다.

서로 마주 보고 대립하는 경우에는 커뮤니케이션도 잘되지 않는다. 그럴 때는 마주 보지 않고 같은 쪽을 보려고 하자.

예를 들어 의견이 대립하는 어려운 상황일수록 서로 "이렇게 하는 것은 어떨까요?"라고 여러 사람들의 의견을 조합해 미래를 만든다. 가위바위보에서도 주먹과 보만 낼 수 있으면 모두 보를 내지만, 가위가 있기에 즐거운 놀이가 된다. 마주하는 두 사람 앞에 또 하나의 동료를 넣어 앞으로 나아가면 더 잘 풀릴 수 있다.

⑩ 상대가 생각하는 말을 먼저 해준다

선거 입후보자가 역 앞에서 연설하는 장면에서 2가지 패턴의 말을 했다고 하자.

A "저는 국민 여러분의 마음에 다가가겠습니다!"
B "세금이 너무 많습니다! 정치인이 더 나서야 합니다!"

어느 쪽의 인상이 더 좋은가? B는 A의 '국민 여러분의 마음'을 구체적으로 말한 것이다. B를 말하면 A에서 전하고 싶은 바를 말하는 것과 같다.

카피라이터도 되도록 B처럼 받아들이는 사람의 마음을 먼저 말하는 기술을 사용하는 경우가 있다. 똑같이 한 줄만 사용해야 한다면 B의 접근법을 이용하는 편이 효율적이다.

상대가 생각하는 것을 먼저 말하면 '내가 생각하는 것을 알아준다'라는 느낌을 줄 수 있다. 그러면 '저 사람의 이야기라면 들어볼 가치가 있어'라는 마음이 든다. 마음을 대변하는 것은 쉽게 공감을 자아내는 방법이다.

내가 아내와 이야기할 때 조심하는 부분이 있다. 아내가 '피곤해', '힘들었어'라고 말하면 나는 '수고했어! 고마워', '그래, 힘들었구나'라고 말하려고 한다. 결코 '왜?', '힘들었으면 말하지. 도와줬을 텐데'라고 말하지 않는다. 일단 살피고 공감하며 '아마 이런 말을 원하지 않을까?'라고 생각하면서 감사나 위로를 전하려고 한다.

솔직히 속으로는 '뭐 이런 말을 해'라고 거북할 때도 있고, 일부러 아내에게 그렇게까지 하지 않아도 된다고 생각하는 사람도 있을 것이다. 하지만 형식만으로도 효과가 크다. 아내의 기분을 상하게 하지 않는 것이다.

아내의 기분이 좋으면 어떻게 될까? 나도 쓸데없는 걱정 없이 일에 집중할 수 있고, 아이에게도 나쁜 영향이 미치지 않는다. 무엇보다 내가 생각한 것, 하고 싶은 말을 하기 쉬운 관계를 만들 수 있다.

자기주관으로 나의 언어를 만들어라

⑪ 말에 완충재를 붙여 경계심을 허문다

다섯 살 아들과 함께 집 근처 카페에 다녀왔는데, 갑자기 아들이 "저 가게 사람, 좋은 사람인 것 같아요"라고 했다. 놀라서 "왜?"라고 물으니 "말끝에 '요'를 붙이니까요"라는 것이었다. 실제로 대면하는 것과 달리 문자로 주고받는 대화는 표정이나 행동이 보이지 않기 때문에 상대에게 부드러운 인상을 주기 위한 노력의 흔적을 많이 넣는 것이 좋다. 그럴 때 매우 편리한 표현이 '요'를 붙이는 것이다.

"꼭 들러주십시오."
"꼭 들러주세요."

딱 한 글자이지만, 인상이 바뀐다.

평소 잘 사용하지 않는 사람도 문자 커뮤니케이션에서 사용해보기 바란다. 특히 윗사람이 부하직원이나 후배에게 사용하면 효과적이다. 상대에게 위엄을 보일 필요가 있다면 굳이 쓰지 않아도 되지만, 팀이나 조직의 인간관계에는 신뢰가 가장 중요하다. '바보'라는 말도 신뢰하는 사람이 하는 것과 공포감을 조성하는 관리자가 하는 것은 받아들이는 느낌이 전혀 다르다. 서로 웃으며 속마음을 나눌 수 있는 관계를 쌓으면 결과적으로 관리가 편해질 것이다.

"확실히요."

"다른 좋은 아이디어 없을까요?"

"○○이라고 생각해요."

이렇게 항상 하는 메시지에 '요'를 붙이는 것으로 완충재가 생긴다. 문자 커뮤니케이션에서 딱 한 글자로 큰 효과를 볼 수 있는 방법이다.

⑫ 말에 여유를 달아 선택권을 준다

머그컵이 다른 컵과 다른 점은 무엇일까? 일단 손잡이가 가장 먼저 떠오른다.

릴레이 경주의 바통을 떠올려보자. 바통이 한 사람만 잡을 수 있는 두루마리 화장지 심지 정도의 길이라면 다음 사람에게 건네기가 곤란하다. 받는 사람이 잡을 여유가 없기 때문이다.

말도 마찬가지다. 받는 사람에게 여유가 있어야 상대가 '나를 위해 건네주려고 하는구나'라고 생각할 수 있다. 말에 손잡이가 있어야 상대가 제대로 받아줄 확률이 높다. 그 생각을 컵이라는 용기(미디어)에 넣어 상대에게 전달한다고 해보자. 내가 전하고 싶은 생각이 뜨거울수록 용기에 달린 손잡이를 의식해야 한다.

좀 더 알기 쉽게 예를 들어보겠다.

"12시에 ○○역 개찰구에서 집합하겠습니다."

이것도 기능상 문제없는 대화 내용이다.

"12시에 ○○역 개찰구에서 집합하면 어떨까요?"

이렇게 말하면 일방적이 아니라 상대방의 의견도 묻는 자세가 느껴진다. 둘 다 "알겠습니다"라고 회신한다면 전자는 지시에 반응할 뿐이고, 후자는 질문에 응답한다는 인상을 준다. 물론 분명하게 지시를 내려야 하는 상황도 있으므로 그런 경우에는 확실히 쓰는 것이 좋다.

'손잡이=여유'는 '상대에게 선택지를 제시'하는 것이라고 할 수 있다. 이쪽의 지시에 따르라는 것이 아니라 상대에게 선택권이 있다는 인상을 주는 것이다.

"그러면 저희 회사에서 기다리고 있겠습니다. 당일 움직이기 어려우시면 온라인 미팅도 괜찮으니 말씀해주세요."

이 마지막 한 문장을 넣기만 해도 좋은 관계를 만드는 데 도움이 된다. 이렇게까지 겸손하게 물어볼 필요 있느냐는 의견도 있을 것이다. 하지만 상대를 존중하는 마음을 가지고 커뮤니케이션을 해야 일이 잘 풀린다. 모두 한마디라도 상대를 배려하는 문장을 곁들일 수 있는 사회가 되기를 바라는 마음이다.

⑬ 익숙한 말로 편안함을 준다

비즈니스에서는 지금까지 사용해본 적 없는 말을 사용하는 경우가 생긴다. 그 말은 유행에 따라 바뀌기도 한다. 조직문화는 특정한 단어를 어떤 정의로 사용하고 있는지에 따라서도 다르게 나타난다(예를 들어 숫자라고 하는 단어의 정의는 조직에 따라 달라질 수 있다).

대표적인 것이 외국어다. 에비던스(evidence, 근거), 컨버전(conversion, 전환), 론칭(launching, 신규 발매), 커스터머(customer, 고객) 등. 번역한 말이 있으니 굳이 사용할 필요가 없지만 이런 외국어를 사용하는 조직문화에서는 따를 수밖에 없다.

기본적으로 글이든 말이든 자신에게 익숙한 것을 사용해야 한다. 여행지 숙소에서 평소와 다른 베개를 베고 자면 목이 아플 때가 있듯이, 자신의 마음을 전할 때 익숙하지 않은 도구(말)를 사용하면 어색해지거나 진심이 가려진다.

일본에는 '1번가 1번지'라는 말이 있다. 가장 중요하다는 뜻이다. 그렇지만 '이것이 가장 중요하다'고 직설적으로 말해도 되지 않은가? '에비던스는 있습니까?'라고 말하지 않고, '데이터나 근거는 있습니까?'라고 말해도 된다. 자신에게 익숙한 도구를 사용해야 생각을 명확하게 전달할 수 있다.

자기주관으로 나의 언어를 만들어라

⑭ 나쁜 것 먼저, 좋은 것은 뒤에 붙인다

한 장의 그림을 바라보는 것과 달리, 문자는 읽거나 들을 때 반드시 시간 축이 있다. 책을 펴서 스캔하듯이 모든 것을 동시에 읽어낼 수 없고, 다른 사람의 이야기를 들을 때는 반드시 순서가 있다.

말을 전하는 순서는 매우 중요하다. 사이먼 사이넥(Simon Sinek)의 '골든서클(golden circle) 이론'도 유명하다. 뛰어난 리더나 기업은 'Why → How → What'의 순서로 메시지를 전달하는데, 대부분의 사람들은 반대로 'What → How'로 전달해서 'Why'가 빠져 있다는 것이다.

> A "오늘 캠핑은 최고였어! 그런데 비도 많이 오고 벌레도 많아서 힘들었지."
> B "오늘 캠핑은 비도 많이 오고 벌레도 많아서 힘들었어! 그래도 최고였지!"

A와 B는 완전히 똑같은 말의 요소(정보)로 이루어진 문장이다. 하지만 전달하는 순서만 바꿔도 인상이 크게 달라진다. A는 부정적인 느낌이고, B는 긍정적인 느낌이다. 받아들이는 사람은 마지막 정보를 더 인상적으로 느낀다.

프레젠테이션에서는 이런 상황이 자주 등장한다. 프레젠테

이선이 끝난 뒤 클라이언트가 "감사합니다. 아주 훌륭한 제안 고맙습니다"라고 말하면, '아, 올 것이 왔구나'라고 긴장하게 된다. 그 뒤에 '그런데……'라고 이어지는 경우가 많기 때문이다. "감사합니다. 일단 여기가 신경 쓰이네요. 더 개선할 수 있을 것 같은데요. 하지만 이 부분과 이 부분은 훌륭한 제안 이었습니다"라고 말하는 패턴은 거의 없다. 회사의 주간 회의에서도 좋은 이야기를 먼저 하고 나서 안 좋은 이야기를 하는 경향이 있다. 일단 '굿'(good, 좋은 것), 나중에 '배드'(bad, 나쁜 것)의 흐름이다.

하지만 말하기 어려운 것, 전달하기 어려운 것을 먼저 쓰거나 이야기하고, 나중에 개선할 점이나 관리할 점을 넣는 것이 좋지 않을까? 분명 보내는 사람과 받는 사람 모두 기분 좋은 커뮤니케이션이 될 것이다.

⑮ 비유를 사용해 특별함을 더한다

이해하기 어려운 것을 전달할 때, 새로운 무언가를 상대에게 기억시킬 때 '비유'는 매우 효과적이다. 어떤 것을 다르게 비유해서 말하는 것이 카피라이터의 일이라고 할 수 있다. 다른 사람에게 별명을 잘 붙이는 사람이 잘할지도 모른다. 그런 의미에서 비유의 전문가인 개그맨들은 모두 훌륭한 카피라이터이기도 하다.

비유하기는 절대 쉽지 않다. 항상 주변 세상을 바라보고, 그곳에서 본질과 원리를 탐구해 자신의 머릿속에 저장한 뒤 비슷한 것이 나타났을 때 '이것과 비슷하다'라고 표현할 수 있어야 한다.

중학생 때 다니던 학원에 박식하고 재밌게 이야기하는 선생님이 있었다. 이 세상에서 모르는 것이 없는 사람처럼 아이돌이나 애니메이션부터 일본 전역의 특산품, 세계 경제까지 뭐든지 알고 있는 듯했다.

이 선생님의 인상적이었던 점은 비유에 능해서 어려운 이야기를 알기 쉽게 전달한다는 것이었다. 마치 폭넓은 비유 서랍을 가지고 있어서 상대의 시선으로 뭐든지 설명할 수 있는 사람 같았다. 나는 당시 열네 살밖에 되지 않았는데도, 머리가 좋은 사람은 비유를 잘하는 사람이라고 생각했다.

"먹은 것만 똥으로 나온다"라고 했듯이, 말도 마찬가지다. 자기가 보고 들은 것만이 말이 되어 몸 밖으로 나온다.

같은 것을 봐도 사람마다 다르게 느낀다. 문체나 시점은 그 사람 자체다. 평소 어떤 말을 하고 있는가? 평소 무슨 생각을 하는가? 말을 갈고닦는 것은 그런 수행의 길인지도 모른다.

한마디 한마디에
나를 담다

|

이 책의 '어머니'가 나라고 한다면 '아버지'에 해당하는 사람들이 있다. 엄격하면서도 다정한 눈빛으로 지켜봐 주면서 이 책을 함께 키워준 사람들이다.

가장 먼저 떠오르는 것은 이 책의 편집 담당인 센 미사 씨다. 처음 만났을 때부터 오늘까지 쭉 한여름의 햇살 같은 강렬한 힘을 나에게 쏟아주었다. 책을 쓰는 것이 처음인 내가 어떻게 해야 할지 머리를 싸매고 미로를 헤맬 때마다 격려해주었다. 사람을 북돋우는 표현이 뛰어난 사람이라 "앞으로는 센 씨가 책을 쓰는 편이 낫지 않겠어요?"라고 말한 적도 있다. 센 씨가 없었다면 이 책이 탄생할 기회도 없었을 것이고, 끝까지 쓰지도 못했을 것이다. 실제 성별로 따지면 내가 아버지이고, 센 씨가 어머니라고 해야겠지만, 역시 반대가 더 잘 어울린다.

또한 이 책을 쓰면서 라스트 스퍼트(last spurt, 마지막 전력질주)를 함께해준 편집 담당 스다 나쓰키 씨도 내가 보는 것과 다른 시점의 조언을 해주고, 투정도 많이 받아줘서 큰 신세를 졌다. 정말 감사드린다.

다음으로 아내와 아이들에게 감사의 인사가 나올 타이밍이라고 생각하는 사람도 있을 것이다. 이렇게 말하는 나도 외국 서적의 첫머리에 '아내와 아이들에게 바친다'라고 쓰여 있으면, '어떻게 갑자기 가족에 대한 감사의 말을 할 수 있지?'라는 의문이 들었다. 그런데 이렇게 한 권의 책을 다 쓰고 보니 가족이 없었으면 불가능했음을 진심으로 느꼈다. 역시 무엇이든 그 입장이 되어보지 않으면 알 수 없는 법이다.

이 책을 쓰는 시간은 통상적인 일 이외의 시간, 즉 평일 아침이나 밤, 휴일이었기 때문에 그런 시간을 희생해서 집필해야 했다. "(책을 쓰는 것은) 당신이 하고 싶은 일이니까"라면서 집안일과 육아에 참여하지 못해도 글을 쓰라고 해준 아내, 화창한 일요일 아침에 함께 놀고 싶어도 참고 "아빠, 힘내"라고 말해준 아들에게 정말 고맙다고 전하고 싶다. 출판 직전에 이 세상에 태어난 딸에게도 고마움을 전한다.

원고를 쓸 때는 쿠루리(Quruli)의 노래를 들었다. 서양음악도, 다른 록밴드도 어쩐지 맞지 않았고, 어느 날 이 책을 쓸 때는 쿠루리의 음악이 가장 잘 맞는다는 것을 깨닫고 나서는 줄곧 들었다. 그들에게 닿을 수 있을지는 모르겠지만, 이 책의 BGM으로 많은 신세를 졌다.

지금까지 내가 읽어온 모든 책과 만나온 사람들, 이 책에 등장한 사람들의 말이 나의 피와 살이 되었고, 이 책의 한 글자 한 글자로 태어났다. 모든 사람들을 일일이 열거할 수 없지만, 여러분 덕분이다. 정말 감사하다.

마지막으로 아버지, 어머니, 형과 누나, 항상 보내주는 많은 사랑에 감사한 마음을 전한다.

자기주관으로
나의 언어를 만들어라

초판 1쇄 인쇄 2024년 9월 10일
초판 1쇄 발행 2024년 9월 15일

지은이 요시타니 고로
옮긴이 정지영
펴낸이 정서윤
편집 추지영
디자인 이다오
마케팅 신용천
물류 책글터
펴낸곳 시옷책방
등록 2020. 3. 10 제2020-000064호
주소 서울시 마포구 동교로 75
전화 02-332-3130
팩스 02-3141-4347
전자우편 million0313@naver.com
블로그 https://blog.naver.com/millionbook03
인스타그램 https://www.instagram.com/millionpublisher
ISBN 979-11-91777-81-9 03190
정가 18,500원